HAGAKURE

Le livre secret des Samouraïs

Traduction de M. F. Duvauchelle

ISBN 2-85707-144-2

Jocho Yamamoto

HAGAKURE

Le livre secret des Samouraïs

Guy Trédaniel Éditeur
65, rue Claude-Bernard
75005 Paris

Avant-propos

Le Japon médiéval est entré dans l'histoire, et pourtant l'originalité actuelle de la nation japonaise n'est pas étrangère à ce que fut cette période au cours de laquelle s'est illustré celui que l'on nommait « le Bushi », guerrier de la féodalité.

Durant plus de huit siècles (8e au 16e siècle), l'histoire du Japon n'a été qu'une interminable guerre civile et c'est sans doute la raison pour laquelle nulle part ailleurs que dans ce pays, les traditions martiales – l'Art martial – et le culte du guerrier n'ont si profondément marqué la culture et la psychologie du peuple.

Ce personnage – le Bushi – a de tout temps été considéré comme une figure héroïque. Au 8e siècle – le « KOJIKI-NIHON - SHOKI » et le « MANIYOSHI » – sont deux ouvrages qui font déjà référence à la tradition martiale en parlant du « guerrier du courage » dont l'honneur s'acquiert par l'accomplissement du « devoir » et dont le courage est aussi essentiel que la loyauté. Aux 12e et 13e siècles, « la chronique des HOGEN », « la chronique des HEIGI », « la chronique des HEIKÉ » illustrent fort bien le penchant des Japonais pour les prouesses militaires et leur admiration pour le Bushi.

Le terme Bushi ne s'applique qu'au seul guer-

rier de l'époque pré-féodale et féodale du 9ᵉ au 19ᵉ siècle. Il est un peu le frère du Chevalier des contrées occidentales. Certains historiens et sociologues pensent qu'il n'est d'ailleurs pas étranger à la mentalité du soldat japonais de la dernière guerre. Le Bushi appartenait à la classe des guerriers dont il était le représentant le plus illustre. Elle comprenait divers « rangs » attribués d'une part, en fonction du mérite, d'autre part en fonction de la faveur dont on jouissait auprès du Shogun (chef militaire du pays). Le Bushi, connu en Occident sous le nom de Samouraï, était le guerrier le plus noble. Il était au service du Shogun et plus spécifiquement attaché à un daimyo (chef d'un fief-"han").

Ces Samouraïs, combattants rudes, rompus à la souffrance physique, résignés devant le sort, devaient être préparés à accomplir leur "devoir de guerrier" sans défaillance, car d'eux seuls dépendait la survie du territoire et du daimyo. Ils étaient les gardiens du "han" et devaient être des "chevaliers sans peur et sans reproche". C'est pourquoi, dès le début de leur existence, ils se conformèrent à un code de conduite non écrit. S'ils le transgressaient, la sanction était la mort. Ce premier code est généralement appelé « la voie de l'Arc et du cheval ». Il était assez primitif et surtout pratique.

A l'époque Kamakura (1192 - 1333) la classe

des guerriers eut accès aux fonctions gouvernementales. La notion de Budo – VOIE DU GUERRIER – prit alors une dimension nouvelle. Le terme Budo hérité du chinois désignait jusque là l'art d'administrer les affaires civiles et militaires. Cette notion s'enrichit alors d'une dimension éthique et le Budo signifia dès lors l'obéissance au code et l'acquisition des vertus en vigueur dans la classe des Bushi. Cette modification n'est pas étrangère à l'influence de plusieurs courants religieux.

En effet, les Samouraïs ont puisé dans différentes éthiques religieuses les principes susceptibles de les aider à fortifier leur âme pour compléter les directives essentiellement pratiques et tactiques de leur Code.

Le Boudhisme a donné au Samouraï un idéal de sérénité, de confiance dans le destin et de tranquille acceptation de l'inévitable.

Il lui a appris par dessus tout à dédaigner la mort et à ne pas la craindre. Il y a puisé la force nécessaire pour transcender la vie et la mort.

Rien n'illustre mieux ce sentiment que la comparaison que les Samouraïs aimaient à faire : "pareil à la fleur du cerisier, prêt à mourir au premier souffle de la brise matinale", c'est à dire en pleine jeunesse et sans regret.

Le Shintoïsme a exalté les vertus "viriles" de loyauté et de courage destinées à les aider sur les champs de bataille.

HAGAKURÉ

Avant le 17e siècle, il n'y eut jamais de code écrit qui définît clairement les obligations des Samouraïs. En 1615, parut le « BUKE-SHO HATTO » écrit par le moine Zen Suden à la demande de Ieyasu.

Cet écrit succint était destiné aux familles martiales et comportait treize préceptes qui définissaient le comportement d'un Samouraï. Il débutait ainsi : « Les arts littéraires, la pratique des armes, de l'Arc, de la chevalerie sont les études que les Samouraïs doivent suivre régulièrement ». Un peu plus tard, en 1686, un certain Daideti Yuzan écrivit le « BUDO SHIN SHU » et insistait plus sur l'éthique que sur les connaissances.

Ce n'est qu'en 1716 que parurent les onze volumes du « HAGAKURÉ ». Ce recueil allait devenir un des plus célèbres ouvrages japonais. Il exalte la VOIE du Samouraï. Il est composé de maximes philosophiques.

— • —

L'écrivain japonais contemporain Yukio Mishima considérait le « HAGAKURÉ » comme "le seul et unique livre" : « J'ai commencé à le lire durant la guerre et je l'avais toujours près de moi ou sur ma table de travail, et s'il y a un ouvrage auquel je me suis constamment référé, vingt années durant, en relisant un passage ça et là, sans manquer de me sentir ému, c'est le HAGAKURÉ » disait-il. « HAGAKURÉ » signifie : "caché derrière les feuillages". Le titre de l'œuvre est : "Recueil de paroles de Maître HAGAKURÉ". Ce titre est, selon certains, à rapprocher du fait que l'auteur s'était retiré dans une hutte, et selon d'autres, rappelle que l'auteur appartenait au clan du château de Saga qui était connu pour être dissimulé derrière un rideau touffu d'arbres et de feuillages.

Le château de Saga était habité par le clan des Nabeshima auquel appartenait l'auteur Jochò Yamamoto. Quelques rappels historiques sont nécessaires pour comprendre l'ouvrage. Certains noms reviennent régulièrement dans les maximes. Nabeshima Naoshige (1538 - 1618) fut le fondateur du clan. Il était chef Samouraï du Seigneur Ryuzoji Takanobu, et quand ce dernier mourut, il prit la direction du domaine situé dans l'île Kyushu (extrémité S.O. du Japon). Il prit une part active dans tous les évènements de son époque. C'était un homme de caractère. Ainsi, à la bataille de Seki Gamaga en 1600 il se rallia aux Toyotomi – les vaincus – après avoir été aux côtés du clan Tokugawa. Son clan eut, à la suite de ce revirement, des rapports tendus avec les Tokugawa pendant trois générations.

Nabeshima Katsushige (1580 - 1657) était le fils du précédent. En 1597, il participa avec son père à la Campagne de Corée, il n'était âgé que de 17 ans. Il est connu pour avoir eu le même caractère trempé. Lors de la rebellion de Shimabara (1637 - 1638), il fut sanctionné pour avoir entraîné à sa suite, trente quatre mille hommes à l'assaut du château de Hara sans en avoir reçu l'ordre. Le « HAGAKURÉ » lui a été dédié.

Nabeshima Mitsushige (1632 - 1700), petit-fils du précédent, fut élevé au rang de Seigneur de Saga. La période des guerres civiles était révolue, c'était un homme cultivé qui avait été élevé à Edo (Capitale où résidait le Shogun) et un administrateur plus qu'un guerrier, fonction qui n'avait plus guère d'utilité à cette époque de paix.

L'auteur du « HAGAKURÉ », YAMAMOTO, vint au monde alors que Nabeshima Mitsushige était au pouvoir depuis deux ans.

A neuf ans, il devint page du Seigneur. A vingt ans, il rencontra le moine Zen Tannen, supérieur du temple des Nabeshima. Ce moine intègre – qui démissionna de son poste en signe de désaccord lors de la condamnation à mort d'un moine – marqua profondément YAMAMOTO. Il fit ensuite la connaissance d'un second personnage, Ishida Ittei, lettré confucéen, conseiller des Nabeshima qui fut également une rencontre importante dans sa vie. Ishida Ittei était aussi un homme de grand courage, il fut exilé plus de huit ans pour s'être opposé à une décision du Daimyo.

A la mort de son seigneur Nabeshima Mitsushige (1700), YAMAMOTO ne put faire Seppuku pour le suivre dans la mort. Un décret des Tokugawa venait d'en interdire la pratique, suivant en ceci l'interdiction faite par Mitsushige Nabeshima lui-même.

Il reçut alors l'autorisation de devenir moine et de se retirer du monde. Après s'être rasé la tête, à l'âge de 42 ans, il alla vivre une vie semi-recluse dans une hutte en un lieu appelé Kurotsuchibaru à 12 km au nord du château de Saga.

Dix ans plus tard, il reçut la visite d'un jeune scribe. Tashiro Tsuramoto, sept années durant (1710 - 1717), transcrivit tous les entretiens qu'il eut avec YAMAMOTO. Malgré l'interdiction de YAMAMOTO, Tsuramoto recopia et distribua ses écrits aux Samouraïs de Saga sous le titre : « Analectes de Nabeshima ».

Pendant plus de cent cinquante ans, ce texte resta secret et devint pour les Daimyo et tous les Samouraïs du clan Nabeshima un manuel d'instruction morale. Ils ne voulaient pas le divulguer et ce n'est qu'à la restauration Meiji (1868) qu'il fut connu du public.

Il existe, à l'heure actuelle, deux traductions en langue anglaise : « The way of Samouraï » de Y. Mishima, (L'auteur en traduit une centaine de maximes), et « The book of the Samouraï HAGAKURÉ » de William Scott Wilson, universitaire américain.

C'est un choix délibéré qui m'a fait ne retenir des onze volumes originaux du Hagakuré, pour la traduction française que je vous présente, que les paragraphes traitant explicitement du "devoir du samouraï".

« Le HAGAKURÉ » doit son originalité au fait que c'est une retranscription de maximes transmises oralement par un moine retiré du monde.

— • —

Il me semble que les Arts Japonais qu'il s'agisse de peinture, d'art culinaire, d'art floral, autant que d'arts martiaux, sont les héritiers de ces traditions médiévales.

La cruauté et le raffinement y sont si intimement liés que la culture orientale a toujours fasciné.

En ce qui concerne plus spécifiquement les Arts Martiaux, ils sont vite dénués de sens et de beauté et ne méritent plus le nom d'Arts s'ils sont coupés de leurs sources.

La source se trouve en un certain nombre d'ouvrages essentiels. Ils donnent une dimension nouvelle à la pratique. J'ai désiré faire profiter de ma découverte le plus grand nombre et « redorer le blason » de ces Arts galvaudés depuis nombre d'années en Europe.

A. LOUKA

誠忠義士傳
中村諌助匡辰
一勇斎國芳画
十六

誠忠義士傳
間瀬宙太夫正明
一勇齋國芳画
應需 一筆菴誌

J'ai découvert que la voie du Samouraï réside dans la mort. Lors d'une crise, quand il existe autant de chances de vie que de mort, il faut choisir immédiatement la mort. Il n'y a là rien de difficile ; il faut simplement s'armer de courage et agir. Certains disent que mourir sans avoir achevé sa mission, c'est mourir en vain. Ce raisonnement que tiennent les marchands gonflés d'orgueil qui sévissent à Osaka n'est qu'un calcul fallacieux, qu'une imitation caricaturale, de l'éthique des Samouraïs.

Faire un choix judicieux dans une situation où les chances de vivre ou de mourir s'équilibrent est quasiment impossible. Nous préférons tous vivre et il est tout à fait naturel que l'être humain se trouve toujours de bonnes raisons pour continuer à vivre.

Celui qui choisit de vivre tout en ayant failli à sa mission encourra le mépris et sera à la fois un lâche et un râté.

Celui qui meurt après avoir échoué, meurt d'une mort fanatique, qui peut sembler inutile. Mais il ne sera, par contre, pas déshonoré. Telle est en fait la voie du Samouraï.

Pour être un parfait Samouraï, il faut se préparer à la mort matin et soir et même toute la journée.

Quand un Samouraï est constamment prêt à mourir, il a acquis la maîtrise de la Voie et il peut sans relâche consacrer sa vie entière à son Seigneur.

Certains sont nés capables d'agir avec sagesse quand l'occasion le requiert. D'autres se voient contraints de rester éveillés de longues heures, en proie à l'angoisse, avant de découvrir la solution correcte du problème posé. Toutefois, même si ces différences innées sont dans une certaine mesure inévitables, tout un chacun peut développer des dons de sagesse insoupçonnés en adoptant « les quatre vœux ».

Il semblerait que, quels que soient les dons personnels, quelle que soit la difficulté du problème, tout le monde puisse y apporter une solution grâce à une réflexion suffisamment longue et sérieuse. Tant que l'on fonde son raisonnement sur son « Moi », on est à la rigueur prudent et astucieux mais on n'est pas sage.

Les êtres humains sont insensés et il leur est difficile de se départir de leur « Moi ». Malgré tout, un individu confronté à une situation ardue a de grandes chances de trouver une solution, s'il parvient à s'abstraire momentanément du problème, à se concentrer sur les « quatre vœux » et à abandonner son « Moi ».

Nous possédons bien peu de sagesse, toutefois nous avons tendance à nous y référer pour résoudre nos difficultés. Du fait que nous nous préoccupons surtout de nous-même, nous nous détournons de la Voie du Ciel et nos actions deviennent mauvaises. Aux yeux des autres, nous sommes minables, faibles, limités et totalement inefficaces. Quand nous nous sentons inaptes à la compétence véritable, il se révèle préférable de faire appel à quelqu'un de plus sage. N'étant pas personnellement impliqué, il peut se révéler un juge éclairé – puisqu'il n'a aucun intérêt propre –. Il sera en mesure de conseiller le choix le plus judicieux.

Si nous observons un homme qui prend ses résolutions de cette remarquable façon, nous savons qu'il est résolu, autonome, digne de foi et enraciné dans la réalité. Sa sagesse, nourrie des conseils d'autrui, peut se comparer aux racines d'un grand arbre au feuillage épais et touffu.

Il y a des limites à la sagesse de l'être humain, arbrisseau fragile secoué par le vent.

Reprimander et corriger quelqu'un pour ses erreurs est important. Cet acte essentiellement charitable est la première obligation du Samouraï.

Mais il faut s'efforcer de le faire de façon convenable. Il est, en effet, aisé de trouver des qualités et des imperfections dans la conduite d'un tiers. Il est également facile de le critiquer. La plupart des gens s'imaginent que c'est par gentillesse qu'ils disent aux autres ce qu'ils ne désirent pas entendre et si jamais leurs critiques sont mal accueillies, ils considèrent qu'ils sont incurables. Une telle façon de penser est déraisonnable. Elle donne d'aussi mauvais résultats que si on mettait délibérement quelqu'un dans l'embarras ou que si on l'insultait. Elle n'est souvent qu'une mauvaise manière de sortir ce que l'on a sur le cœur.

La critique ne doit intervenir qu'après avoir discerné si oui ou non la personne l'acceptera, qu'après s'en être fait une amie, qu'après avoir partagé ses intérêts et s'être comporté de façon telle qu'elle nous accorde son entière confiance, afin qu'elle ait foi en toutes nos paroles. C'est ensuite qu'intervient le tact. Il faut sentir le bon moment et la bonne manière d'exercer sa critique – par missive ou au retour d'une réunion particulièrement agréable –. Il faut commencer par faire état de ses propres imperfections puis amener l'interlocuteur à comprendre, sans prononcer plus de mots qu'il n'est nécessaire.

Il faut louer ses mérites ; s'efforcer de l'encourager, de préparer son humeur ; le rendre aussi réceptif aux observations que l'homme assoiffé l'est à l'eau. C'est alors qu'il faut corriger ses erreurs.

La critique constructive est délicate.

Je sais d'expérience, que les mauvaises et anciennes habitudes, ne cèdent pas sans contrainte. Il me semble que l'attitude la plus authentiquement charitable consiste, pour tous les Samouraïs au service d'un Daimyo, à être bienveillants et amicaux les uns pour les autres, à corriger mutuellement leurs erreurs pour mieux servir ensemble le Daimyo. En embarrassant volontairement quelqu'un, on ne fait rien de constructif. Comment pourrait-il d'ailleurs en être autrement ?

Le langage militaire emploie les termes de ''Samouraï éclairé'' et de ''Samouraï ignorant''. Un Samouraï qui a attendu d'être aux prises avec des situations difficiles pour apprendre à s'en sortir n'est pas éclairé. Un Samouraï qui se préoccupe à l'avance de toutes les situations et solutions possibles est sage. Il sera dès lors capable d'y faire face brillamment lorsque l'occasion se présentera. Quoiqu'il en soit, un Samouraï éclairé est celui qui se préoccupe des détails de l'action, avant l'heure. Un Samouraï imprévoyant laisse, au contraire, la pénible impression de patauger dans un imbroglio désordonné et sa réussite ne ressortit que d'une chance anormale. Seul un Samouraï négligent n'envisage pas toutes les éventualités avant le moment de l'action.

Je ne partage pas l'avis de celui qui préconise une constante et stricte autorité. Comme dit le proverbe : « Le poisson ne vit pas en eau claire ». C'est le goëmon qui lui permet de se cacher en un lieu isolé pour se développer pleinement jusqu'à sa maturité. C'est quand on sait passer sur les détails et ne pas prêter l'oreille aux plaintes mineures que l'on est capable de procurer la sérénité aux êtres qui nous servent. La compréhension de ce principe est essentielle à qui veut comprendre le caractère et le comportement d'autrui.

Alors que le Seigneur Mitsushige n'était encore qu'un enfant, on lui demanda de lire un passage d'un livre du Moine Kaion ; il appela les autres enfants et les acolytes pour leur dire :
« Veuillez, je vous prie, approcher et écouter. Il est très difficile de lire quand il n'y a presque per-

sonne pour écouter ». Le prêtre fut impressionné et dit aux fidèles : « C'est dans cet esprit qu'il faut faire toutes choses ».

Lorsque je me suis adressé à Yasaburo pour prendre exemple de son art calligraphique, il me dit : « On devrait écrire en caractères suffisamment larges pour qu'un seul recouvre toute la feuille, avec assez de vigueur pour la déchirer. L'habileté en calligraphie dépend de l'esprit et de l'énergie avec lesquels elle s'exécute. Le Samouraï doit agir sans hésitation, sans avouer la moindre fatigue ni le plus léger découragement jusqu'à l'achèvement de sa tâche. C'est tout » et il se mit à écrire.

J'ai l'impression que les jeunes Samouraïs d'aujourd'hui se sont fixés des objectifs pitoyablement bas. Ils ont le coup d'œil furtif des détrousseurs. La plupart ne cherchent que leur intérêt personnel ou à faire étalage de leur intelligence. Même ceux qui semblent avoir l'âme sereine ne montrent qu'une façade.

Cette attitude ne saurait convenir.

Un Samouraï ne l'est véritablement que dans la mesure où il n'a d'autre désir que de mourir rapidement – et de devenir un pur esprit – en offrant sa vie à son maître, dans la mesure où sa préoccupation constante est le bien-être de son Daimyo à qui il rend compte, sans cesse, de la façon dont il résoud les problèmes pour consolider les structures du domaine. Ainsi Daimyo et serviteurs doivent-ils être semblablement déterminés. Il est donc indispensable de posséder une résolution si inébranlable que personne, ni même les Dieux et les Bouddhas, ne puissent vous faire dévier du but fixé.

Voici un propos tenu par un de mes amis. Il paraît qu'un certain Docteur Kyoan affirma ceci : « en médecine, on distingue hommes et femmes en vertu des principes du Yin et du Yang ; par conséquent les traitements médicaux sont fondamentalement différents. Leur pouls est d'ailleurs différent également. Toutefois, au cours des cinquante dernières années, le pouls des hommes est devenu identique à celui des femmes. Depuis que j'ai noté ce phénomène, j'ai jugé bon de traiter les maladies oculaires des hommes par les méthodes appropriées au pouls des femmes.

Lorsque j'essaie d'appliquer à mes patients mâles les soins prévus à leur intention, je n'obtiens aucun résultat. Le monde est, en effet, en train d'aborder une période de dégénerescence ; les hommes perdent leur virilité et ressemblent de plus en plus aux femmes. C'est une conviction inébranlable que j'ai acquise au cours de mon expérience personnelle et que j'ai décidé de ne pas ébruiter. Depuis, n'oubliant jamais cette réflexion, quand je regarde les hommes d'aujourd'hui, je me dis : « Tiens, Tiens, voilà un pouls féminin ». Je ne rencontre pratiquement jamais ce que je nomme un homme véritable.

C'est d'ailleurs pour cette raison qu'il est possible, de nos jours, d'exceller et d'accéder à une position importante avec un moindre effort. Les hommes deviennent lâches et faibles, la preuve en est que rares sont ceux qui ont, aujourd'hui, l'expérience d'avoir tranché la tête d'un criminel aux mains liées derrière le dos. Quand il leur est demandé d'être l'assistant de celui qui va se suicider rituellement, la plupart considèrent qu'il est plus habile de se défiler et invoquent des excuses plus ou moins valables.

Il y a seulement quarante ou cinquante ans, on considérait la blessure dans un combat comme une marque de virilité. Une cuisse sans cicatrice était un signe tellement redhibitoire de manque d'expérience que personne n'aurait osé la montrer telle quelle, préférant plutôt s'infliger une blessure volontaire.

On attendait des hommes qu'ils aient le sang bouillant et soient impétueux. Aujourd'hui, l'impétuosité est considérée comme une ineptie. Les hommes de nos jours utilisent l'impétuosité de leur langue pour fuir leurs responsabilités et ne faire aucun effort.

J'aimerais que les jeunes gens réfléchissent sérieusement à cet état de choses.

Le Moine Tannen avait coutume de dire « les gens ont fini par ne plus rien comprendre parce que les prêtres n'enseignent plus que la doctrine du « Mushin ». Ce que l'on appelle Mushin, c'est un esprit sans tâche et sans complication. Ceci est intéressant ».

Le Seigneur Sanenori disait « Au sein d'un souffle où la perversité ne trouve pas sa place, est la VOIE ». Si cela est vrai, la Voie est une. Mais personne ne peut comprendre cette évidence de premier abord.

La pureté ne s'obtient pas sans effort.

Le caractère chinois « gen » peut se lire en japonais « maboroshi » et signifie "illusion". En japonais, les magiciens indiens se nomment « Gen shu sushi » ou « illusionnistes ».

Les êtres humains sont des marionnettes ici-bas. C'est pourquoi on utilise le caractère « gen » pour suggérer l'illusion d'un libre-arbitre.

Exécrer le mal et conduire sa vie avec rectitude se révèle extrêmement difficile.

C'est assez surprenant mais maintes erreurs ont pour origine la croyance qu'il est essentiel d'être strictement logique et de placer la droiture au-dessus de toute autre chose. Il existe une voie plus élevée que la droiture mais sa découverte n'est pas chose facile et impose une profonde sagesse. Comparés à cette voie, les principes logiques sont en effet insignifiants. Bien que celui qui n'en a pas l'expérience ne le connaisse pas, il existe un moyen de découvrir la VÉRITÉ même si on n'a pas su la discerner seul. Cette voie consiste à s'entretenir avec autrui. Il arrive souvent qu'une personne, bien qu'imparfaite, puisse donner de judicieux conseils à une autre car elle peut dominer la situation de l'extérieur tout comme celui qui, dans le jeu de Go a « l'avantage d'être spectateur ». On dit qu'il est également possible de discerner ses fautes par le « regard en soi-même » et par la méditation mais, dans ce cas également, le résultat est meilleur quand on s'en entretient avec d'autres. La raison en est que l'on peut dépasser sa propre faculté de discernement si on apprend à écouter avec profit les autres et à lire des ouvrages.

On s'enrichit toujours de l'expérience des Anciens.

On m'a dit qu'un maître de Sabre déjà avancé en âge avait dit ceci :
« Le Samouraï doit s'entraîner toute sa vie » et il y a, à cela, une raison. Tout au début, même en cas de pratique régulière, on n'a pas l'impression de progresser. On se sait malhabile et on voit les autres à son image.

A ce stade, inutile de préciser que l'on n'est d'aucune utilité au service du Daimyo.

Quand on atteint un stade moyen, on n'est pas encore d'une grande utilité mais on prend conscience de ses déficiences et on commence à remarquer les imperfections des autres.

Quand un Samouraï atteint un niveau supérieur, il est capable de prendre, de sa propre initiative, des décisions en n'importe quelle situation, de sorte qu'il n'a plus besoin des conseils des autres. Il acquiert plus de confiance en ses possibilités, se réjouit d'être loué et déplore les insuffisances des autres. Un tel Samouraï est, on peut le dire, utile au Daimyo.

Puis au delà de ce niveau, il y a ceux dont l'expression du visage ne révèle jamais ce qu'ils pensent, qui ne font jamais étalage de leur habileté, qui feignent l'ignorance et l'incompétence. Qui plus est, ils respectent l'habileté des autres. Pour beaucoup, là est l'ambition la plus haute.

Mais à un niveau encore plus élevé, il existe un domaine qui dépasse l'habileté du commun des mortels. Celui qui s'engage à fond dans la Voie de ce domaine, prend conscience que son entraînement sera illimité et qu'il ne pourra jamais être satisfait de son travail.

C'est pourquoi un Samouraï doit connaître ses faiblesses et passer sa vie à les corriger sans jamais avoir le sentiment d'en faire suffisamment. Il ne doit naturellement jamais être trop confiant mais il ne doit pas non plus se sentir inférieur.

Yagyu, le maître de la Voie du Sabre, auprès du Shogun Tokugawa disait : « je ne sais pas comment surpasser les autres. Tout ce que je sais, c'est comment me surpasser ».

Il se disait : « Je suis aujourd'hui meilleur qu'hier, demain je serai encore supérieur ».

Un vrai Samouraï consacre tout son temps au perfectionnement de lui-même. C'est pourquoi, l'entrainement est un processus sans fin.

Parmi les proclamations publiques qu'a faites le Seigneur Naoshige, on trouve celle qui suit : « Les décisions importantes devraient être prises dans le calme ». Ittei Ishida (savant confucéen du Han Saga et maître de Jocho Yamamoto) explique : « Les affaires mineures doivent être étudiées avec sérieux. Il y a peu de problèmes réellement très importants, il ne s'en présente pas plus de deux ou trois dans l'existence. Une réflexion quotidienne vous en convaincra. C'est pourquoi, il est indispensable de prévoir ce qu'il y a lieu de faire en cas de crise. Lorsqu'elle survient, il faut se souvenir de la solution afin de la résoudre en conséquence.

Sans une préparation quotidienne, quand survient une crise délicate, on sera incapable de prendre une décision rapide, ce qui risque d'avoir des conséquences désastreuses ».

N'est-il pas alors possible de dire que pour pouvoir prendre posément des décisions importantes, il faut se préparer chaque jour avec résolution ?

Lors d'une réunion dont le but était d'examiner l'opportunité d'accorder une promotion à une certaine personne, on s'aperçut qu'elle avait été jadis très portée sur la boisson. Aussi les participants étaient-ils enclins à lui refuser son avancement.

Cependant l'un deux intervint : « Ne pas encourager un homme parce qu'il a commis une seule erreur, c'est l'empêcher de s'améliorer. Si un homme, qui a failli une fois, montre, par une conduite irréprochable et conforme aux règles, qu'il regrette sincèrement son erreur, il est éminemment utile au service du Seigneur. Alors, encouragez-le ».

Quelqu'un d'autre dit alors : « Assumez-vous la responsabilité d'une telle décision ? » Après qu'il eût donné cette assurance, l'assistance le pressa d'en donner les raisons.

Il fit cette réponse : « Je me porte garant de lui parce qu'il s'est un jour trompé. On ne peut accorder sa confiance à celui qui n'a jamais commis d'erreurs ».

C'est ainsi que l'intéressé obtint sa promotion.

Un homme tomba un jour en disgrâce parce qu'il avait négligé de réparer l'insulte qui lui avait été faite. La seule façon de se venger est de foncer sur le camp ennemi et de combattre jusqu'à la mort. Un Samouraï qui se jette désespérement dans le combat ne peut pas tomber en disgrâce. C'est parce qu'on espère la victoire qu'elle nous échappe.

Le temps s'écoule alors qu'on attend que l'ennemi ne soit plus en grand nombre pour ne plus être en difficulté. A force d'attendre, il se peut même qu'on oublie l'injure et qu'on abandonne la vengeance. Mais même quand les ennemis sont nombreux, si on s'accroche au terrain avec la détermination de les décimer seul, jusqu'au dernier, la querelle sera vite réglée. Au cours de l'action tout se passera probablement bien.

Même les quarante sept Rônins du clan Asano, qui finirent par attaquer Kira une nuit pour venger la mort de leur Suzerain n'ent ont pas moins raté le départ. Ils auraient dû se suicider rituellement et immédiatement à Sengakuji. Ils prirent leur temps pour venger la mort de leur Seigneur. Kira aurait pu tomber mortellement malade avant qu'ils aient pu exécuter leur plan. Ils auraient, dans ce cas, raté irrémédiablement l'occasion.

En règle générale, je ne critique pas le comportement des autres, mais puisque nous étudions la voie du Samouraï, je me dois d'ajouter ceci : si on n'envisage pas avec soin et à l'avance toutes les éventualités, lorsque l'évènement survient, on ne se trouve pas en mesure d'y répondre correctement et on est deshonoré.

Écouter les conseils et essayer de comprendre l'essence des choses, constitue une préparation pour prendre ses résolutions avant que ne survienne la crise.

La voie du Samouraï exige, entre autre, qu'il prenne conscience de la nécessité d'être toujours prêt à tester la fermeté de sa résolution. Nuit et jour, le Samouraï doit faire le tri dans ses pensées et se préparer une ligne d'action. Selon les circonstances, il peut gagner ou perdre. Mais éviter le déshonneur est un fait distinct de la victoire ou de la défaite ; pour éviter le déshonneur il lui faudra peut-être en effet mourir. Mais si, dès le début, les évènements ne se déroulent pas comme il le voudrait il doit essayer à nouveau.

Pour cela, aucune sagesse ni habileté particulière ne sont requises.

Le Samouraï valeureux ne pense pas en terme de victoire ou de défaite, il combat fanatiquement jusqu'à la mort. C'est seulement ainsi qu'il réalise sa destinée.

Il n'est pas bon d'avoir des convictions fortes et personnelles.

Si, en persévérant et en se concentrant, un Samouraï acquiert des opinions très arrêtées, il peut être tenté de conclure avec précipitation qu'il a déjà atteint un bon niveau de performance. Ceci est à déconseiller formellement. Un Samouraï doit, par l'assiduité, parvenir tout d'abord à la maîtrise absolue des principes de base puis continuer à s'entraîner de manière à ce que ses techniques arrivent à maturité. Un Samouraï ne doit jamais relâcher son effort mais persévérer toute sa vie dans son entraînement.

Penser que l'on peut assouplir la discipline de l'entraînement, tout simplement parce que l'on a fait quelque découverte personnelle, est le comble de la folie.

Un Samouraï doit être constamment animé de la pensée suivante : « sur tel ou tel point, je suis encore loin de la perfection » et consacrer sa vie entière au perfectionnement, en recherchant assidûment la voie véritable. C'est par une telle pratique que l'on peut trouver la Voie.

Il y a encore cinquante ou soixante ans, les Samouraïs faisaient leurs ablutions chaque matin, se rasaient la tête et parfumaient leur chignon. Ensuite, ils coupaient leurs ongles de main et de pied, les limaient avec une pierre ponce et enfin les polissaient avec de l'herbe Kogane. Ils ne montraient jamais aucun signe de paresse en la matière et faisaient très attention à être soignés.

Le Samouraï vérifiait ensuite son sabre long et son sabre court pour s'assurer que la rouille ne les détériorait pas ; il les débarrassait de la poussière et les nettoyait pour leur rendre leur éclat.

Prendre un tel soin de son apparence peut sembler une manifestation de fatuité mais cette coutume ne ressortissait pas à un penchant pour l'élégance ou le romanesque. On peut être appelé à tout moment à livrer une dure bataille ; si on y trouve la mort en ayant négligé les soins personnels, on fait preuve d'un relâchement général des bonnes habitudes et on s'expose au mépris et au dédain de l'adversaire. C'est la raison pour laquelle les vieux et jeunes Samouraïs ont toujours apporté beaucoup de soin à leur présentation. Un tel scrupule peut sembler une perte de temps et une occupation bien futile mais fait partie de la vie du Samouraï.

En réalité, cela nécessite moins d'effort et de temps qu'il n'y paraît. S'il veut être prêt à mourir, un Samouraï doit se considérer comme déjà mort ; s'il est diligent dans son service et se perfectionne dans les arts militaires, il ne se couvrira jamais de honte. Mais s'il passe son temps à ne faire égoïstement que ce qui lui plait, en cas de crise il se déshonorera. Il ne sera d'ailleurs même pas conscient de son déshonneur. Si rien ne lui importe, hormis le fait de n'être pas en danger et de se sentir heureux, il se laissera aller d'une façon indicible vers un état tout à fait lamentable.

Il est sûr qu'un Samouraï qui n'est pas préparé à mourir, mourra d'une mort peu honorable.

Mais dès lors qu'il consacre sa vie à préparer sa mort, comment pourrait-il avoir un comportement méprisable ? On devrait réfléchir sérieusement à cela et harmoniser sa conduite en conséquence.

Les temps ont bien changé au cours de ces trente dernières années. De nos jours, quand de jeunes Samouraïs se réunissent, ils parlent d'argent, de profit, de perte, de la manière de gouverner sa maison, des critères pour juger de la valeur de l'habillement et échangent des propos grivois. Si un autre sujet est évoqué, l'ambiance se gâte et chacun se sent vaguement mal à l'aise. Quel état affligeant que celui où en sont arrivées les choses ! Jadis, jusqu'à l'âge de vingt ou trente ans, un jeune homme n'avait aucune pensée pour les choses matérielles ou indélicates, aussi n'en parlait-il jamais. Si, par accident, en sa présence, les hommes d'âge mur laissaient échapper de leurs lèvres quelque réflexion déplacée, il se sentait aussi affecté que s'il avait reçu une blessure physique.

La tendance nouvelle a apparemment pénétré par le biais de ce que les temps modernes apprécient au maximum : le luxe et l'ostentation. Seul l'argent a pris de l'importance.

Il est manifeste que si les jeunes hommes n'avaient pas des goûts de luxe, incompatibles avec leur situation, cette attitude erronée disparaîtrait.

D'un autre côté, louer comme fertiles en ressources, des jeunes gens économes et sobres est tout à fait méprisable. La frugalité équivaut à l'absence du sens du « GIRI » ou obligations sociales et personnelles. Ai-je besoin d'ajouter qu'un Samouraï qui oublie ses obligations envers les autres est un minable, un lâche et un être indigne ?

D'après le savant confucéen Ittei Ishida, tout calligraphe, même médiocre, peut apprendre à écrire d'une manière correcte s'il suit scrupuleusement les lignes d'un cahier.

On peut dire la même chose du service d'un Samouraï. Si on prend pour modèle un bon Samouraï, la réussite est chose possible. Malheureusement, à l'heure actuelle, il n'y a aucun Samouraï qui vaille vraiment la peine d'être imité, aussi doit-on se créer idéalement un modèle d'imitation.

Le moyen de créer un tel modèle est d'imaginer lequel de ceux qui gravitent autour de nous sait comment se conformer au protocole, à la rectitude et aux convenances ; lequel témoigne du plus grand courage ; lequel est le plus éloquent ; quel est celui dont le comportement est irréprochable ; lequel est le plus intègre ; qui a le plus l'esprit de décision en cas de crise. A partir de tous ces éléments, il faut imaginer un être réunissant toutes ces qualités.

La synthèse constituera un excellent modèle tout à fait digne d'être imité.

Il est vrai, pour tout art, qu'il est fort difficile d'apprendre les points forts du maître mais que ses points faibles sont aisément imités. Ces derniers ne sont, bien entendu, d'aucune utilité pour les disciples. Par exemple, certains connaissent parfaitement l'étiquette mais ne sont pas intègres.

Quand on essaie de prendre pour modèle ce genre de personne, on a toujours tendance à négliger l'étiquette et à n'imiter que l'absence d'intégrité.

Quand on apprend à apprécier les points forts d'autrui, tout un chacun peut devenir le modèle de quelqu'un d'autre, tout le monde peut devenir un maître pour autrui.

Un serviteur est un homme que rien ne vient jamais distraire, qu'il soit en présence de son maître ou en public. S'il est négligent lorsqu'il est en période de repos, le public ne le percevra que sous cet aspect.

Se retirer silencieusement quand le maître parle de vous, en bons ou mauvais termes, indique la perplexité. On doit pouvoir fournir une réponse appropriée et être résolu au préalable.

Quand on vous charge d'une certaine fonction, la joie ou la fierté que vous en éprouverez se verra sur votre visage et ceci est inconvenant.

D'autres conscients de leurs manques, pensent : « Je suis maladroit, mais je dois remplir côute que coûte ma mission. Comment vais-je en venir à bout ? Ceci risque de m'occasionner bien des motifs d'anxiété ».

Bien que ces mots ne soient jamais prononcés, ils se reflèteront clairement sur leur visage. C'est une preuve de modestie.

C'est par inconsistance et légèreté que nous nous écartons de la Voie et que nous nous comportons comme des novices.

Nous sommes alors cause de désagréments.

L'an passé, au cours d'une réunion, un homme exposa son point de vue et affirma qu'il était résolu à tuer l'animateur de la réunion si son avis n'était pas adopté. Sa motion fut acceptée. Quand toutes les procédures furent terminées, il dit : « Ils ont donné leur assentissement bien trop rapidement. Je pense qu'ils sont faibles et ne sont pas dignes d'être les conseillers du maître ».

Quand une réunion officielle est extrêmement sérieuse et que quelqu'un y introduit, à la légère, des sujets différents, les participants lui expriment souvent de la froideur et s'emportent.

Ceci n'est pas bien. Dans de tels moments, l'étiquette du Samouraï consiste à rester calme et à traiter la personne avec bienveillance. Maltraiter quelqu'un est une conduite digne d'un laquais.

Il y a des moments où on a réellement besoin d'autrui. Si cela se répète souvent, on finit par être importun et déplacé.

Pour certaines choses, il vaut mieux ne pas devoir compter sur autrui.

Il y avait un homme en Chine, qui aimait les images représentant des dragons. Tous ses vêtements et ses meubles étaient décorés de ce motif. Le dieu des dragons s'avisa de cet amour profond, aussi un jour, un vrai dragon se présenta-t-il à sa fenêtre. On dit que l'homme en mourut de frayeur...

C'était assurément un beau parleur qui se révélait tout autre, le moment de l'action venu.

A une certaine époque, vivait un maître de l'art de la lance. A l'heure de sa mort, il appela son meilleur disciple et lui déclara : « Je t'ai transmis toutes les techniques secrètes de notre école. Si tu penses toi-même prendre à présent un disciple, tu dois alors pratiquer avec diligence, et chaque jour, le sabre de bois. La supériorité n'est pas seulement une question de techniques secrètes ».

De même, dans l'enseignement d'un maître de Renga, il est dit que la veille du concours de poésie on doit calmer son esprit et consulter un recueil de poèmes. Il faut savoir se concentrer sur une seule chose. Tous les métiers doivent être exercés avec concentration.

Lorsque l'on rend visite à un Samouraï éprouvé par le malheur, ce qu'on lui dit pour l'encourager est toujours d'une extrême importance. Il est, en effet, capable de discerner au travers des paroles, les mobiles véritables qui animent son interlocuteur.

Pour encourager un ami en difficulté, le secret à lui dévoiler est le suivant : un vrai Samouraï ne doit ni pavoiser ni perdre confiance. Il doit être celui qui va de l'avant, sinon il ne réussira pas et sera totalement inutile.

On dit qu'il ne faut jamais hésiter à s'amender quand on a commis une erreur. La faute disparaîtra rapidement si on se corrige sans délai.

Quand on essaie de rattraper une erreur, cela devient déplacé et douloureux. Quand on dit quelque chose qu'on n'aurait pas dû dire, si on se réprimande rapidement et nettement, cela est vite oublié et on n'a pas besoin d'être soucieux.

Cependant, si quelqu'un nous blâme, il faut savoir répondre : « J'ai donné les raisons de mon propos inconsidéré, je ne vois rien d'autre à y faire si vous ne les acceptez pas. Puisque je l'ai dit sans le vouloir, cela devrait se passer comme si personne ne l'avait entendu. Personne ne peut se soustraire à un blâme ».

Morooka Hikœmon fut un jour requis de confirmer la veracité de ses dires à propos d'une affaire.

Mais il répondit : « La parole d'un Samouraï est plus ferme que le métal. Dès lors que je suis imprégné de ce principe, que peuvent apporter de plus les dieux et les bouddhas ? » Le serment fut annulé. Cette histoire advint alors qu'il était âgé de vingt-six ans.

Il existe ce que l'on appelle « l'attitude pendant l'orage ». Quand on est pris sous une averse soudaine, on peut, soit courir le plus vite possible, soit s'élancer pour s'abriter sous les avancées des toits des maisons qui bordent le chemin. De toutes façons, on sera mouillé.

Si on se préparait auparavant mentalement, à l'idée d'être trempé, on serait en fin de compte fort peut contrarié à l'arrivée de la pluie.

On peut appliquer ce principe avec profit dans toutes les situations.

Alors qu'il était déjà avancé en âge, Tetsuzan fit un jour la réflexion suivante : « J'avais tendance à penser que le combat à mains nues différait du Sumo en ce sens qu'il ne portait pas à conséquence d'être amené au sol au début, l'essentiel étant de l'emporter en fin de combat.

J'ai, tout récemment, changé de point de vue. En effet, il m'est apparu que si un juge prenait la décision d'arrêter le combat au moment où on se trouve au sol, il vous déclarait vaincu.

Il faut gagner dès le début pour être victorieux tout le temps ».

On dit : « Si vous désirez sonder le cœur d'un ami, tombez malade ».

Une personne que vous considérez comme amie quand tout va bien et qui vous tourne le dos comme un étranger en cas de maladie ou d'infortune n'est qu'un lâche.

Il est bien plus important, lorsqu'un ami doit faire face à l'infortune, de se tenir près de lui, de lui rendre visite et de le secourir.

Un Samouraï ne doit jamais, aussi longtemps qu'il vit, se permettre de s'éloigner de ceux auxquels il est redevable spirituellement.

Voilà donc un moyen pour mesurer les véritables sentiments d'un homme. La plupart du temps, nous nous tournons vers les autres pour les appeler à l'aide et nous les oublions dès que la crise est passée.

Quelqu'un fit, un jour, la remarque suivante : « On pense généralement qu'il n'est rien de plus difficile que d'être un rônin ; que lorsque ce destin frappe un homme il perd confiance en lui-même et se laisse aller. A la vérité, être un rônin est quelque chose de tout à fait différent de ce que j'avais imaginé et c'est un état moins désagréable qu'il y paraît. J'aimerais, en vérité, redevenir un rônin pour quelque temps ».

Je suis d'accord avec cette opinion. La même attitude peut prévaloir en ce qui concerne la mort. Si un Samouraï habitue, jour après jour, son esprit à l'idée de la mort, il sera capable de mourir en toute quiétude, le moment venu.

Comme les désastres sont rarement aussi terribles qu'on les a imaginés, il est totalement ridicule de se lamenter sans cesse et à l'avance. Mieux vaut se préparer dès le début à l'idée que le destin final du Samouraï au service d'un Seigneur est de devenir rônin ou de faire Seppuku.

La bonté ou la malignité du caractère d'un individu ne se reflète pas dans le succès momentané ou l'échec, ici-bas.

La réussite et l'échec ne sont, somme toute, que manifestations de la nature. Le bien et le mal sont, par contre, des valeurs humaines.

Il est pourtant commode, pour des raisons didactiques, de s'exprimer comme si succès ou échec dans le monde étaient le résultat direct d'un bon ou d'un mauvais caractère.

Un homme qui ne cesse de calculer est un poltron. Je dis cela parce que les supputations ont toujours un lien avec les idées de profit et de perte ;l'individu qui les fait est tout le temps préoccupé par des notions de gain ou de perte.

Mourir est une perte, vivre est un gain et c'est ainsi que l'on décide souvent de ne pas mourir. C'est de la lâcheté. De même, un homme qui a reçu une bonne éducation peut camoufler, avec son intelligence et son éloquence, sa poltronnerie ou sa cupidité qui sont sa véritable nature. Bien des gens ne s'en rendent pas compte.

Le Seigneur Naoshige avait coutume de dire : « la voie du Samouraï est la passion de la mort. Même dix hommes sont incapables d'ébranler un être animé d'une telle conviction ». On ne peut accomplir de grands exploits quand on est dans une disposition d'esprit normale.

Il faut devenir fanatique et développer la passion de la mort. Si on compte sur le temps pour accroître son pouvoir de discernement, il risque souvent d'être trop tard pour le mettre en pratique.

La loyauté et la piété filiale sont superfétatoires dans la Voie du Samouraï ; ce dont chacun a besoin c'est de la passion de la mort.

Tout le reste découlera naturellement de cette passion.

Le fameux Samouraï Kirano Suke Shida a dit : « Si vous êtes totalement inconnu, entre mourir ou vivre, il vaut mieux choisir de vivre ». Shida était un Samouraï hors du commun. Les jeunes gens ont mal interprété ce qu'il a dit en pensant, à tort, qu'il se faisait l'avocat d'une conduite déshonorante. Dans un post-scriptum, il écrit : « Si on hésite entre manger et ne pas manger, mieux vaut s'abstenir. Qund on ne peut pas décider entre vivre ou mourir, alors mieux vaut mourir ».

Il n'est pas suffisant d'éviter simplement de se sentir découragé face à l'épreuve. Quand survient le malheur, le Samouraï doit s'en réjouir et saisir la chance qui lui est ainsi offerte de mettre à profit son énergie et son courage.

Une telle attitude diffère radicalement de la simple résignation. Quand les flots montent, le bateau s'élève...

Quand on a entendu parler des hauts faits d'un maître, penser que quoiqu'on fasse on ne pourra jamais l'égaler est signe de petite âme. On doit, au contraire, s'efforcer de penser que « le Maître est tout comme moi un homme, pourquoi donc lui serais-je inférieur ? »

Dès qu'un Samouraï se décide à relever ce défi contre soi-même, il est déjà sur la voie de l'amélioration. Ittei Ishida a dit : « Un homme reconnu comme sage par les autres n'acquiert cette réputation que parce qu'il a commencé à approfondir ses connaissances dès son plus jeune âge. Ce n'est jamais le résultat rapide d'un apprentissage tardif, même si ce dernier est difficile ».

En d'autres termes, dès qu'un être prend la résolution de parvenir à la perfection, il peut espérer faire un jour l'expérience de l'illumination.

Un Samouraï doit faire attention à ses faits et gestes pour éviter de commettre des erreurs de conduite, si minimes soient-elles.

Il arrive que, par inadvertance, un Samouraï ne tienne pas sa langue et se laisse aller à faire des réflexions comme celle-ci : « je suis décidément un lâche » ou « si cela arrive, courons pour préserver nos vies » ou « comme c'est terrifiant », « Aie » etc. De telles exclamations ne doivent jamais être proférées par un Samouraï ni pour railler ou plaisanter, ni par inattention, ni même dans son sommeil, ni en aucune situation.

Un être perspicace devinerait aisément la nature véritable de la personne qui aurait prononcé de telles paroles.

On doit toujours rester sur ses gardes.

On dit qu'un individu dont la tête vient d'être tranchée, peut encore faire certains gestes. Cette histoire est rapportée par Nitta Yoshisada et Ono Moken.

Comment un homme peut-il être inférieur à un autre ? Mitani Jokyu disait : « Même quand un homme est malade à mourir, il peut survivre deux ou trois jours de plus ».

Les mauvaises relations existant entre les gouvernants présents et antérieurs, entre père et fils, frères aînés et cadets sont motivées par des raisons égoïstes. La preuve en est qu'il n'y a pas de telles relations entre maître et serviteur.

Un vieux proverbe dit : « Décidez-vous en l'espace de sept souffles ».

Le Seigneur Takanobu Ryuzoti fit un jour cette remarque : « Si un homme hésite trop longtemps à prendre une décision, il s'endort ».

Le Seigneur Naoshige dit aussi : « Si on s'élance sans vigueur, sept sur dix des actions entreprises tournent court. Il est extrêmement difficile de prendre des décisions en état d'agitation. Par contre, si sans s'occuper des conséquences mineures, on aborde les problèmes avec l'esprit aiguisé comme un rasoir, on trouve toujours la solution en moins de temps qu'il n'en faut pour souffler sept fois ».

Il faut considérer les problèmes avec calme et détermination.

Celui qui a peu de connaissances devient vite prétentieux et se délecte à l'idée d'être considéré comme un homme compétent.

Ceux qui vantent leurs talents et s'estiment supérieurs à leurs contemporains seront inévitablement punis par quelque manifestation du Ciel.

Un homme qui ne sait pas se faire apprécier des autres ne sera d'aucune utilité à personne malgré sa haute compétence. Celui qui travaille âprement et sait rester modeste, qui se réjouit de la position subordonnée qu'il occupe tout en respectant ses pairs, sera grandement estimé.

C'est le comble de la folie pour un Samouraï que de perdre le contrôle de lui-même si par malheur, il est réduit à l'état de rônin ou s'il se trouve confronté à un revers de fortune du même ordre.

Au temps du Seigneur Katsushige, les Samouraïs avaient une devise favorite : « Si vous n'avez pas été rônin sept fois, vous ne pourrez revendiquer le titre véritable de Samouraï. Trébuchez et tombez sept fois, mais relevez-vous à la huitième ».

Manifestement, Hyogo Naritomi avait été, dit-on, sept fois rônin. Un Samouraï au service d'un daimyo doit être comme cette poupée qui se redresse toujours chaque fois qu'on la renverse.

A la vérité, ce serait une excellente idée pour le Daimyo de rendre à ses disciples leur liberté pour éprouver leur force spirituelle.

Dans un poème à la gloire de Yoshitsune, il est dit : « un général doit s'adresser souvent à ses soldats ».

Les gens qui servent un maître seront d'autant plus prêts à consacrer leur vie à son service qu'il leur fera des remarques personnelles dans des circonstances exceptionnelles mais également dans la vie courante, telles que « Comme vous m'avez bien servi » ; « Vous devrez prendre grand soin de ceci ou cela » ; « maintenant j'ai un serviteur de premier ordre ».

Ces remarques attentionnées sont d'une grande importance.

Si vous désirez vous parfaire, le meilleur moyen pour y parvenir est de solliciter l'opinion des autres et de rechercher leurs critiques.

La plupart des gens tentent de se perfectionner en se fiant à leur seule faculté d'appréciation. Le seul résultat qu'ils obtiennent est de ne pas faire de progrès significatifs...

Les hommes qui recherchent les critiques des autres sont déjà supérieurs à la plupart.

La première parole prononcée par un Samouraï, en quelque circonstance que ce soit, est extrêmement importante. Il révèle par cette seule parole toute sa valeur.

En temps de paix, le langage signe la valeur. Mais, de même, par temps de trouble et de destruction, la grande bravoure peut se révéler par un seul mot.

On peut dire alors que ce mot unique est la fleur de l'âme.

Un Samouraï doit toujours éviter de se plaindre, même dans la vie courante. Il doit être sur ses gardes pour ne jamais laisser échapper un mot traduisant la faiblesse.

Une remarque anodine faite par inadvertance révèle souvent la valeur de celui qui l'a exprimée.

Un homme dont la réputation est basée sur son habileté pour une technique précise est insignifiant.

En concentrant toute son énergie sur un seul objet, il y est certes devenu excellent mais s'est abstenu de s'intéresser à autre chose. Un tel homme n'est d'aucune utilité.

Nombreuses sont les personnes qui donnent des conseils mais rares sont celles qui les reçoivent avec reconnaissance, et encore plus rares celles qui les suivent.

Après l'âge de 30 ans, l'homme devient en général imperméable aux conseils. Quand les conseils ne l'atteignent plus, il devient vite prétentieux et égoïste. Il ajoute, pour le reste de ses jours, l'impudence à la sottise, ce qui causera irrémédiablement sa perte. C'est pourquoi, il est indispensable de découvrir quelqu'un capable de discernement, de se lier fortement à lui afin de recevoir son enseignement.

Un Samouraï qui n'attache aucun intérêt à la

richesse et à l'honneur finit habituellement par devenir insignifiant, et envieux. Un tel homme est à la fois vain et inutile, il finit par se révéler inférieur à celui-là même dont l'ambition, l'argent et la renommée sont les seuls mobiles. Il n'est d'aucune utilité pratique dans l'immédiat.

Jusqu'à l'âge de quarante ans, un Samouraï doit veiller à ne pas se laisser séduire par la sagesse et le sens du jugement. Il doit dépendre uniquement de ses capacités et de sa force de caractère. Plus cette dernière est grande, meilleur est le Samouraï.

Même passée la quarantaine, mais cela dépend de l'individu et de sa position sociale, un Samouraï n'est rien s'il n'a pas de force de caractère.

Quel que soit le sujet, rien n'est impossible à faire quand on est déterminé. On peut remuer alors ciel et terre à sa convenance. Mais quand l'homme n'a pas de « cœur au ventre », il ne peut s'en persuader. Remuer ciel et terre sans efforts est une simple question de concentration.

Il est bon de développer sa puissance jusqu'à l'âge de quarante ans. Il est, par contre, conseillé de « se calmer » à la cinquantaine.

Quand quelqu'un vous donne son opinion, il faut savoir l'accepter avec gratitude même si elle ne présente aucun intérêt. Ce n'est qu'à cette condition qu'il vous fera part de ce qu'il a entendu dire de vous. Il est bon de donner et de recevoir les avis de façon amicale.

Si, sur le champ de bataille, vous ne laissez à personne le soin de conduire l'assaut et que vous avez la ferme intention de pénétrer les rangs ennemis, vous ne tomberez pas, votre esprit sera brave et vous manifesterez votre valeur martiale.

Ce conseil est un héritage des anciens. D'autre part, si vous devez être abattu au cours d'un combat, soyez résolu à l'être face à l'ennemi.

Je connais un prêtre qui prétend résoudre tout grâce à son intelligence. Il n'y en a aucun dans tout le Japon qui lui soit comparable. Ceci n'est guère surprenant car il n'y a tout simplement personne qui perçoive le fondement de toutes choses.

La vieillesse arrive lorsque l'on se borne à faire les choses auxquelles on est enclin. Tant que la vigueur persiste, on peut aller à l'encontre de ce penchant ; quand elle faiblit les réelles tendances naturelles apparaissent et nous embarrassent.

Il existe plusieurs manifestations de cet état mais, la soixantaine atteinte, personne n'y échappe.

Penser que l'on ne sera jamais sénile, c'est déjà l'être. C'est ainsi que l'on peut considérer l'argumentation du Maître Ittei comme celle d'une personne sénile, quand il voulut prouver que lui seul pouvait aider la Maison Nabeshima.

Il alla s'entretenir aimablement, avec les puissants des différentes familles, mais montrait déjà des apparences de sénilité. Tout le monde pensa à l'époque que c'était un acte raisonnable ; si j'y réfléchis mieux je m'aperçois que c'était un acte de faiblesse.

Pour ma part, grâce à cet exemple et en raison de la sensation que j'éprouve de retomber en enfance, j'ai décliné l'invitation à la cérémonie du temple à la mémoire du cent-trente-cinquième anniversaire de la mort du Seigneur Mitsushige et j'ai décidé de rester de plus en plus reclus chez moi.

On doit avoir la clairvoyance de ce qui va nous arriver.

D'après une histoire de Ryutaji, il y avait un connaisseur du « Livre des Changes » dans la région de Kamigata. Il aurait dit que, quand bien même il s'agirait d'un prêtre, il est inutile de donner une position à un homme avant la quarantaine, pour la bonne raison que jusque là il commet de nombreuses erreurs.

Confucius ne fut pas le seul à avoir l'esprit calme après l'âge de quarante ans. Jusqu'à cet âge, tant le sage que l'insensé, ont accumulé maintes expériences formatrices et cessent ensuite d'être indécis devant l'existence.

En ce qui concerne la valeur martiale, il est plus méritoire de mourir pour son maître que d'abattre un ennemi.

C'est en ce sens que l'on peut comprendre le dévouement de Sato Tsugunobu.

Lorsque j'étais jeune, je tenais un « journal des regrets » dans lequel je mentionnais jour après jour mes erreurs. Mais il ne se passait jamais un seul jour sans que j'aie à l'ouvrir vingt ou trente

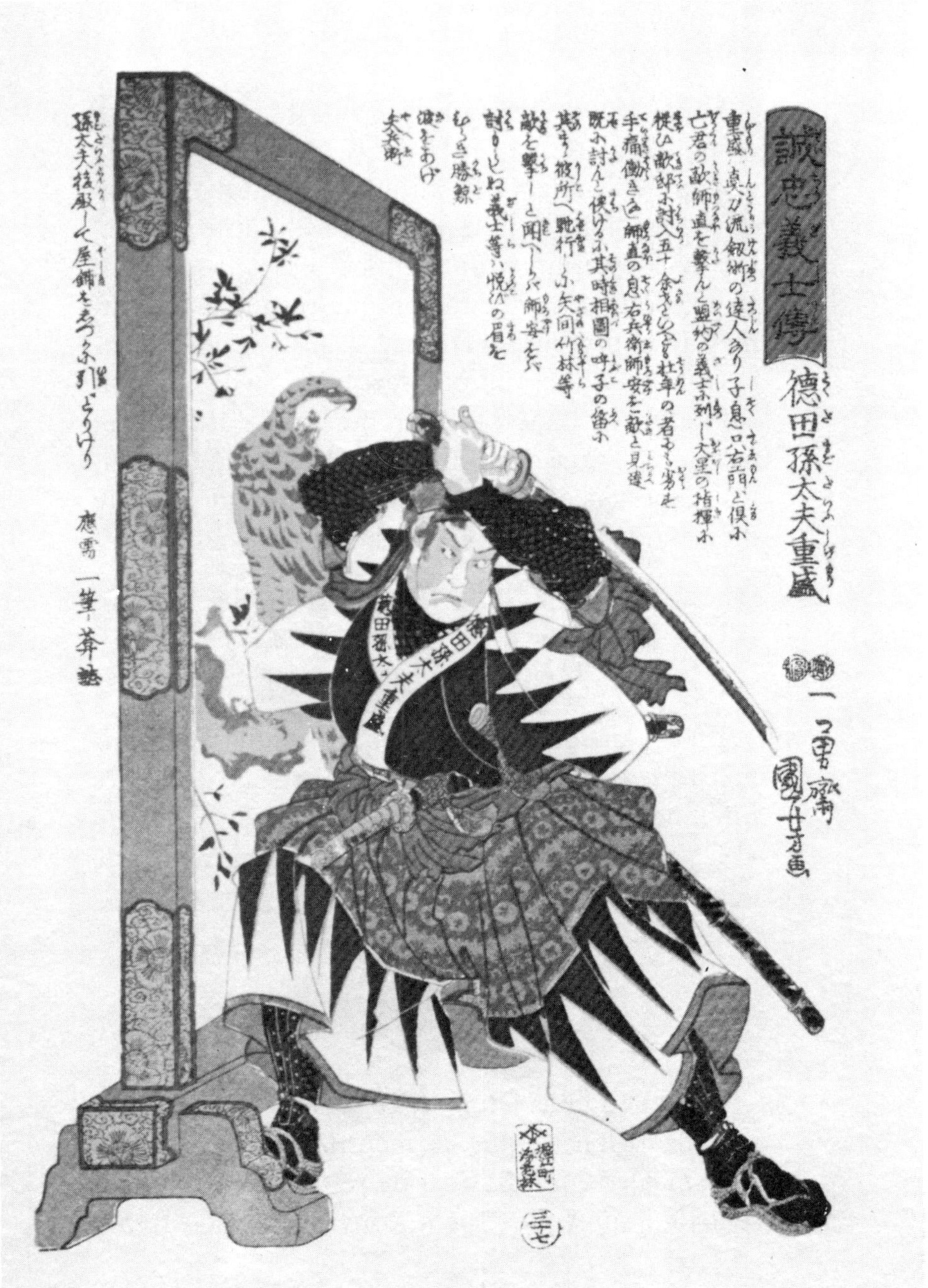

誠忠義士傳
徳田孫太夫重盛
一勇斎國芳画

誠忠義士傳
徳田貞右衛門行高
應需一筆菴誌
一勇齋國芳画
二十

fois. Et comme je finis par réaliser qu'il en serait toujours ainsi, je décidai de l'abandonner.

Aujourd'hui encore, quand je médite, avant de m'endormir, sur la journée écoulée il n'y a pas un jour où je n'aie commis quelque bévue en parole ou en acte.

Vivre sans commettre d'erreur est quasiment impossible mais « les intellectuels » ne sont pas prêts de l'admettre.

Quand on lit un texte à voix haute, il faut le faire avec le ventre. Quand on ne lit qu'avec la bouche et la gorge, on se fatigue vite.

C'est un enseignement de Nakamo Shikibu.

Le Maître Ittei disait : « Le progrès en calligraphie consiste à créer l'harmonie entre le parchemin, le pinceau et l'encre » ; ils ont tellement tendance à être désunis !

Le moine Tannen disait : « Un serviteur intelligent n'aura pas d'avancement. Mais il n'y a pas non plus de cas où un serviteur stupide a pu sortir du rang ».

Maître Ittei disait encore : « Pour bien faire, il faut en un mot : endurer la souffrance ».
Ne pas accepter de souffrir est mauvais. C'est un principe qui ne souffre aucune exception.

D'après les anciens, un Samouraï doit être remarqué pour son excessive tenacité. Une chose faite avec modération peut être jugée insuffisante. Il faut « en faire trop » pour ne pas commettre d'erreur. C'est ce type de principe qu'il ne faut pas oublier.

Quand on a décidé de tuer quelqu'un, même si l'entreprise paraît difficile à réaliser sans hésiter, il ne sert à rien d'essayer de le faire par des moyens détournés. Le cœur peut fléchir, l'occasion manquer et en fin de compte tout peut échouer. La voie du Samouraï est celle de l'action immédiate et c'est pourquoi il est préférable de « foncer tête baissée ».

Un homme était, un jour, en route pour aller écouter les Sutra au Jissoîn à Kawakami. Un de ses pages s'enivra sur le bateau et chercha des ennuis à un des marins. Quand ils accostèrent, le page dégaina son sabre et le marin, attrapant une perche, le frappa à la tête. Au même moment, les autres marins se saisirent des rames et allaient frapper le page quand le maître arriva. Il fit semblant de ne rien remarquer et à ce moment, un autre page alla s'excuser auprès des marins. Il calma son compagnon et le raccompagna chez lui, mais il constata alors qu'on lui avait volé son sabre.

La leçon à tirer est la suivante :

En premier lieu, ne pas avoir désapprouvé et sanctionné le page sur le bateau est une négligence du maître ; ensuite, même si le page a agi inconsidérément, dès lors qu'il avait été frappé à la tête, il n'y avait plus lieu de s'excuser.

Le Maître aurait dû aller vers le page ivre et le marin, comme pour s'excuser, et les « pourfendre » tous les deux. Il est sûr que ce maître n'avait pas « l'Esprit ».

Le Seigneur Naoshige disait : « La valeur d'un ancêtre se mesure au comportement de ses enfants. Un fils doit agir de façon à faire honneur à son ancêtre et non à le déshonorer. C'est cela la piété filiale ».

Quand Nakano Shogen fit Seppuku, les membres de son clan, réunis chez Oki Hyobu firent sur lui des commentaires désobligeants. Hyobu leur dit : « On ne doit pas médire de quelqu'un qui est mort et celui qui a été condamné doit être tout particulièrement pris en pitié. Il est du devoir du Samouraï de faire son éloge, ne serait-ce que très peu. Il n'y a aucun doute que d'ici vingt ans on dira de Shogen qu'il était un serviteur fidèle ».

Ces propos étaient réellement ceux d'un homme mûr.

Quand on rencontre des gens, on devrait savoir saisir rapidement leur caractère et réagir de façon appropriée à telle ou telle personne.

Quand on rencontre quelqu'un qui aime argumenter, il faut lui tenir tête et l'emporter par la

Les acteurs Ichikawa Omezo et Otani Oiniji III dans les rôles de Ikazuchi Tsunnosuke et de Ikiyo Tohei.
Sharaku Toshusai (actif entre 1794-1795)/1794-1795 estampe nishiki-e ; format oban, Japon. © Photo RMN.
Musée des arts asiatiques Guimet.

Vase au Samourai (face). © Photo RMN - R.G. Ojeda.
Musée d'Orsay.

Vase au Samourai (revers). © Photo RMN - R.G. Ojeda.
Musée d'Orsay.

Combat de Samourai. Hiroshige (1797-1858) Estampe. © Photo RMN - T. Ollivier.
Musée des arts asiatiques Guimet.

Deux hommes en costume traditionnel. Vers 1880-1890.
Photographie ancienne. © Photo RMN. Musée des arts asiatiques Guimet.

Daimyô (Japon). Vers 1880-1890. Photographie ancienne. © Photo RMN.
Musée des arts asiatiques Guimet.

4e scène des 47 ronins. Kunikiyo. Estampe Japon.© Photo RMN - J. Schormans. Musée Gustave Moreau

Estampe japonaise. Auteur Charaku Toshusai (1794-1795). L'acteur Ichikawa Omezo dans le rôle du serviteur Ippei. Estampe nishiki-e. Musée des arts asiatiques Guimet. © RMN.

supériorité de la logique, sans toutefois être trop sévère de façon à ce qu'aucun ressentiment ne subsiste.

C'est tout à la fois une question de cœur et de mots.

C'est un conseil qui fut donné par un prêtre.

Si on devait résumer en peu de mots la condition du Samouraï, je dirais qu'elle est en premier lieu la dévotion corps et âme à un maître. En deuxième lieu, je dirais qu'il lui faut cultiver l'intelligence, la compassion et le courage. La possession de ces trois vertus réunies peut sembler impossible à l'être ordinaire mais elle est aisée. L'intelligence n'est rien de plus que de savoir s'entretenir de choses et d'autres avec autrui, avec en retour l'acquisition d'une sagesse infinie. La compassion consiste à agir pour le bien d'autrui en se comparant à lui et en le mettant à l'honneur. Le courage c'est savoir serrer les dents.

Il suffit de faire tout cela en toutes circonstances. Tout ce qui est au delà de ces trois vertus n'est pas utile à connaître.

En troisième lieu, pour ce qui concerne l'aspect extérieur il lui faut soigner son apparence, sa façon de s'exprimer et se perfectionner en calligraphie. Tout ceci n'est qu'affaire courante qu'il faut améliorer par une pratique constante.

A la base, il faut sentir en soi la présence d'une force tranquille. Quand il aura accompli tout cela, il lui faudra apprendre l'histoire de sa terre et de ses coutumes. Il pourra ensuite étudier quelques arts récréatifs.

Etre un Samouraï est, tout compte fait, très simple. Si vous regardez ceux qui, à présent, sont de quelque utilité, vous vous apercevrez qu'ils ont réuni ces trois conditions.

Les hommes courageux, dans le passé, étaient pour la plupart bruyants ; leur exubérance était signe de force et de bravoure.

Comme j'en doutais, Tsunetomo me répondit : « on peut comprendre que leur vitalité puissante en ait fait des êtres rudes et exubérants.

A présent, les hommes ont perdu cette gaieté tapageuse parce que leur vitalité est moindre. La sève s'est tarie mais leur caractère s'est amélioré. La valeur est d'un ordre différent. Qu'ils aient perdu en vitalité et gagné en douceur ne signifie pas qu'ils possèdent une moindre passion pour la mort. Ceci n'a rien à voir avec la vitalité ».

Bien que le Seigneur Ieyasu n'ait jamais gagné de bataille, la postérité a dit de lui : « Ieyasu était un général très courageux ». De tous ses Samouraïs morts au champ d'honneur, aucun n'a succombé le dos tourné à l'ennemi.

Tous gisaient le visage face aux rangs adverses...

Yasuda Ukyo fit le commentaire suivant à propos de la dernière coupe de vin que l'on offre : « seule, la fin des choses est importante ».

Chaque vie devrait y ressembler. Lorsque les invités partent, faire ses adieux avec regret est important. Si ce sentiment est absent, on risque de paraître las et tout le plaisir de la journée s'estompe. Nos rapports avec les autres doivent être empreints de gaieté.

On doit sans cesse leur donner l'impression que l'on fait quelque chose d'important. C'est possible avec un tant soit peu de compréhension.

Uesugi Kenshin disait : « je n'ai jamais su ce qu'était gagner du début à la fin, j'ai seulement compris qu'il ne fallait jamais être inférieur à la situation et cela est important. Il est gênant qu'un Samouraï ne soit pas à la hauteur. Si nous n'étions pas constamment en dessous de la situation, nous ne nous sentirions jamais dans l'embarras.

On devrait se méfier de parler de sujets tels que la connaissance, la moralité, les coutumes devant des anciens ou des personnes de haut-rang. C'est désagréable à entendre.

Alors même qu'on vient d'avoir la tête tranchée, on devrait être encore capable de faire avec sûreté une dernière chose. Les derniers instants de Nitta Yoshisada le prouvent : s'il avait eu l'esprit faible, il serait tombé au moment exact où sa tête fut tranchée. Ce fut tout récemment le cas de Ono Doken. Ces faits relèvent de la détermination.

Quand on possède valeur martiale et détermination, même la tête coupée, tout comme un esprit vengeur, on ne meurt pas.

Que l'on soit de haute lignée ou d'humble origine, riche ou pauvre, âgé ou jeune, éclairé ou non, nous sommes tous destinés à mourir. Nous savons tous que cela est inéluctable mais nous nous raccrochons « aux branches » en se disant que les autres mourront avant nous, que nous serons le dernier. La mort semble toujours lointaine.

N'est-ce pas une vue trompeuse et futile ? N'est-ce pas une illusion, un rêve ? On ne devrait pas voir les choses de cette façon qui nous rend négligent. On devrait être courageux et agir vite puisqu'aussi bien la mort viendra tôt ou tard frapper à notre porte.

La bravoure et la lâcheté ne sont pas des sujets à débattre en temps de paix. Elles sont de nature différente.

La honte et le repentir sont comparables au fait de renverser un pichet d'eau. Un de mes amis a éprouvé de la compassion en écoutant la confession de celui qui lui avait dérobé son sabre d'ornement.

Quand on veut réparer ses fautes, leurs traces s'effacent rapidement.

Il est bon de considérer le monde comme un rêve. Quand on fait un cauchemar et qu'on se réveille, on se dit que ce n'était qu'un rêve.

On dit que le monde dans lequel nous vivons n'est pas très différent d'un rêve.

Une personne qui possède peu de connaissances se donne des airs de savant : c'est une question d'inexpérience.

Quand quelqu'un possède bien quelque chose, cela ne se remarque pas dans son comportement : une telle personne est bien éduquée.

Le moine Keiho raconte que le Seigneur Aki avait dit un jour que la vertu martiale était le fanatisme.

J'ai constaté que cela s'accordait avec ma propre résolution et dès lors je suis devenu de plus en plus extrême dans mon fanatisme.

Lorsque je posai la question suivante : « Qu'est-ce que ne doit jamais faire un Samouraï au service d'un daimyo ? », on me répondit ceci : « un Samouraï ne doit ni trop boire ni être trop sûr de lui, ni s'adonner à la luxure ».

En période de difficulté, ces faiblesses n'ont que peu d'occasions d'être satisfaites. Elles n'ont ainsi que des conséquences limitées. Mais quand les temps s'améliorent, la vie redevient plus facile. Aussi ces trois défauts sont-ils susceptibles d'avoir des effets néfastes.

Examinez de près la carrière de gens que vous connaissez. Dès qu'ils commencent à tâter du succès, ils sont enclins à être satisfaits d'eux-mêmes. Ils deviennent vite demesurément arrogants, et se laissent aller, de façon inadmissible, à un luxe impardonnable.

Il est bon d'aborder les difficultés dans sa jeunesse car celui qui n'a jamais souffert n'a pas pleinement trempé son caractère.

Un Samouraï qui se décourage ou abandonne face à l'épreuve, n'est d'aucune utilité.

En dernière analyse, la seule chose qui compte, c'est la résolution du moment. Un Samouraï prend une décision après l'autre et l'ensemble remplit toute sa vie. Une fois qu'il a compris cette règle fondamentale, il n'a plus jamais à manifester d'impatience ni à rechercher autre chose que le moment présent. Son existence s'écoule tout bonnement, il se concentre sur ses résolutions.

Toutefois les gens ont tendance à oublier cette règle de conduite pensant qu'il existe toujours quelque chose de plus important.

Peu de personnes réalisent la valeur de ce principe. Apprendre à se conformer à ses décisions sans dévier ne peut guère s'accomplir avant un certain âge. Même lorsque l'on a atteint l'illumination, et même si l'intéressé n'en a pas clairement conscience, sa détermination est toujours présente.

Si quelqu'un mène à bien ne serait-ce qu'une seule résolution, il sera rarement troublé : car il réalise ainsi un geste de loyauté à l'égard de sa foi.

On ne peut changer son époque. Dès lors que les conditions de vie se dégradent régulièrement, la preuve est faite que l'on a pénétré dans la phase ultime du destin.

On ne peut, en effet, être constamment au printemps ou en été, il ne peut pas non plus faire jour en permanence ; c'est pourquoi il est vain de s'entêter à changer la nature du temps présent pour retrouver les bons vieux jours du siècle dernier. L'important est d'œuvrer pour que chaque moment soit aussi agréable que possible.

L'erreur de ceux qui cultivent le nostalgie du passé vient de ce qu'ils ne saisissent pas cette idée.

Mais ceux qui n'ont de considération que pour l'instant présent et affectent de détester le passé font figure de gens bien superficiels.

On doit enseigner aux jeunes Samouraïs les vertus martiales de façon à ce que chacun d'entre eux soit convaincu d'être le plus brave guerrier du Japon.

Parallèlement, les jeunes Samouraïs doivent évaluer quotidiennement leurs progrès au regard de la Voie et se défaire au plus vite de leurs imperfections. Cet examen quotidien est la conditions pour atteindre le but recherché.

Alors que je réfléchissais chemin faisant, il m'apparut que les êtres humains sont d'extraordinaires et intelligentes marionnettes articulées.

Bien qu'ils ne soient pas suspendus par des ficelles, ils peuvent sauter, marcher, parler. Comme ils sont ingénieusement conçus !

Mais d'ici le prochain festival bouddhiste, ils peuvent tout aussi bien mourir et venir nous rendre visite sous forme d'esprits. Quelle vaine existence ! Les gens semblent toujours l'oublier.

Il existe un dicton qui dit : « lorsque l'eau monte, le bateau fait de même ».

En d'autres termes, face aux difficultés, les facultés s'aiguisent. Il est vrai que les hommes courageux cultivent sérieusement leurs talents quand les difficultés auxquelles ils sont confrontés sont importantes.

C'est une erreur impardonnable que de se laisser abattre par les épreuves.

Maître Jocho dit un jour à son gendre Gomojo cette maxime : « Maintenant c'est l'heure et l'heure c'est maintenant ».

Nous avons tendance à penser que la vie quotidienne diffère d'un moment de crise ; c'est ainsi que quand le moment d'agir arrive, nous ne sommes jamais prêts.

Si nous sommes convoqués devant le Daimyo ou envoyés en mission, nous ne trouvons pas les mots qu'il faut pour nous exprimer. Ces attitudes tendent à prouver, que nous faisons sans cesse la différence entre « le temps » au sens large et « le moment présent ».

Comprendre l'expression : « l'heure c'est maintenant », signifie se préparer constamment à l'évènement imprévu. Un Samouraï doit toujours être prêt à s'exprimer clairement en public, à être convoqué devant le Daimyo ou même prêt à rencontrer des personnalités officielles voire le Shogun en personne.

Peu importe que cela lui arrive ou non, il doit y être prêt en permanence.

Cette disponibilité à agir est la méthode à appliquer pour accomplir toutes nos actions, tant pour les arts militaires que pour les devoirs civiques.

Si les dieux ignorent mes prières sous prétexte que j'ai été souillé par le sang de l'ennemi, je ne peux rien y faire, si ce n'est de poursuivre mes actes de dévotion sans me soucier de la souillure.

Même si, comme on le dit, les dieux n'aiment guère la souillure du sang, j'ai pour ma part une attitude qui m'est propre.

Je n'oublie jamais mon heure de prière quotidienne. Et même si sur le champ de bataille, je suis éclaboussé par le sang ou si je trébuche sur les cadavres gisant à mes pieds, j'ai confiance en l'efficacité de mes prières adressées aux dieux, pour obtenir le succès militaire ou m'assurer une longue vie.

La vie humaine ne dure qu'un instant, il faut avoir la force de la vivre en faisant ce qui nous plait le plus.

Dans ce monde fugace comme un rêve, vivre dans la souffrance en ne faisant que des choses déplaisantes est pure folie. Ce principe, mal interprété, peut toutefois être nuisible, aussi ai-je décidé de ne pas l'enseigner aux jeunes gens...

J'adore le sommeil. En réponse à la situation actuelle du monde, je pense ce que j'ai de mieux à faire est de rentrer dormir chez moi.

Il arrive souvent qu'un homme qui jouit grandes facultés de jugement et qui est conscient de sa valeur, devienne de plus en plus arrogant.

Il est difficile de connaître réellement ses qualités mais il est encore plus difficile d'admettre ses faiblesses.

C'est le maître Zen Kaion, qui a fait cette réflexion.

La dignité d'un être se mesure à l'impression extérieure qu'il donne.

Il y a de la dignité dans l'effort et l'assiduité ; dans la sérénité et la discrétion. Il y a de la dignité dans l'observation des règles de conduite et dans la droiture. Il y a aussi de la dignité à serrer les dents et à garder les yeux ouverts : toutes ces attitudes sont visibles de l'extérieur.

Ce qui est capital, c'est d'agir toujours avec dignité et sincérité.

Kazuma Nakano a dit : « C'est un signe de mesquinerie et une absence de goût d'utiliser un service usagé pour la cérémonie du thé.

Les ustensiles neufs conviennent mieux.

Certaines autres personnes peuvent penser qu'il vaut mieux employer des ustensiles usagés en raison de leur caractère d'origine.

Ces deux conceptions sont également erronées. Les objets anciens ont été employés par des gens, modestes il est vrai, mais à qui le grand âge conférait une certaine noblesse. Les vieux ustensibles ont ainsi fait la preuve de leur qualité dans les mains de personnages de haut rang.

C'est la détention et l'usage par leur propriétaire qui a accru leur valeur.

On peut tenir un raisonnement semblable sur le devoir du Samouraï. Un homme d'origine modeste qui se fait un nom et atteint une position sociale élevée est manifestement doté de qualités remarquables. Malgré tout, il est des gens qui trouveront toujours désagréable de cotoyer un homme à la généalogie douteuse, qui refusent toujours de considérer comme un officier supérieur celui qui n'était jusqu'alors que simple soldat.

Fondamentalement, un homme qui est sorti du rang n'a pu le faire que parce qu'il possédait plus d'habileté et de mérite que tous ceux qui sont initialement placés à un échelon élevé.

C'est la raison pour laquelle nous devons toujours lui témoigner un plus grand respect.

Quand on a quelque chose d'essentiel à réaliser, il faut savoir se tenir éloigné du Seigneur d'un Han, des personnalités officielles et des conseillers.

Quand on passe son temps à « tourner autour » de ses supérieurs et à être suspendu à leurs lèvres, il devient difficile de mener à terme ses projets. C'est une maxime à ne pas oublier.

Il est mal de médire, il n'est pas mieux de louer autrui à tout propos. Un Samouraï doit connaître son envergure, observer la discipline sans se laisser distraire et parler le moins possible.

Un homme courageux doit rester calme et ne jamais donner l'impression d'être débordé.

Seuls les gens insignifiants, dont le caractère se révèle agressif, recherchent à tout prix la renommée et se heurtent à tous ceux qu'ils côtoient.

Dans un débat ou une dispute, il faut savoir parfois perdre vite pour perdre avec élégance.

Ainsi dans la lutte Sumo, si pour vaincre à tout prix on se met à tricher, on devient pire qu'un vaincu, on est à la fois perdant et inélégant.

Quelqu'un a dit un jour : « Il y a deux sortes d'orgueil, l'orgueil interne et l'orgueil externe. Un Samouraï qui ne possède pas les deux est d'une utilité douteuse ». L'orgueil peut être comparé à la lame d'un sabre. Elle doit être aiguisée puis réintroduite dans le fourreau.

De temps en temps, elle en est tirée, brandie, puis nettoyée pour être remise dans le fourreau. Si le sabre d'un Samouraï est toujours tiré, s'il est tout le temps levé, les gens le craindront et il aura de la peine à se faire des amis. Si au contraire, il ne sort jamais de son fourreau, la lame se ternira et se couvrira de rouille et, les gens ne craindront plus celui qui le porte.

On devrait écouter avec respect et gratitude les paroles d'un homme de grande expérience, même s'il parle des choses que l'on sait déjà. Il arrive parfois, qu'après avoir entendu dix ou vingt fois la même chose, on ait une intuition soudaine et que cette intuition transcende la signification habituelle.

On a tendance à regarder de haut les personnes âgées et à ne pas prendre au sérieux leurs bavardages. On devrait au contraire, se souvenir qu'elles ont le bénéfice d'une longue et réelle expérience.

Comme je l'ai souligné dans mes « Réflexions folles » (un manuel du comportement du Samouraï rédigé pour son gendre Gonojo), le nec plus ultra du service d'un Samouraï est de savoir exprimer avec intelligence son opinion propre, tels les hommes qualifiés du domaine, qui sont les conseillers expérimentés du daimyo. Quand on a compris cela, peu importe ce que l'on pense ou fait. Mais personne ne l'a compris jusqu'à-présent. Il y a peu de gens dont l'intelligence est suffisante pour se conformer à ce principe. Un certain nombre, plus préoccupés de leur avancement personnel, usent de la flatterie voire de la flagornerie pour améliorer leur situation. De telles personnes ne nourrissent que de basses ambitions et ne pourront pas atteindre le niveau des hommes d'état expérimentés. Certains, plus calculateurs encore que ces derniers, ne voient aucun intérêt à devenir de bons Samouraïs et passent leur temps à se délecter des « Essais sur la paresse » ou de la poésie de Saigyo.

Pourtant, à mon avis, Kenko et Saigyo ne sont que des lâches ; c'est parce qu'ils étaient incapables de remplir les fonctions de Samouraï qu'ils traitaient de haut ces problèmes, se prévalant du titre de religieux retirés du monde.

Aujourd'hui encore, je pense que s'il est bon pour des bonzes et des personnes âgées de se consacrer à cette littérature, il est préférable que celui qui a l'ambition de devenir un vrai Samouraï, bien qu'accaparé par son combat pour pénétrer dans le monde, s'efforce de servir parfaitement et loyalement son maître. Même s'il doit, pour ce faire, être plongé au sein de l'enfer lui-même.

Lorsque le Seigneur Naoshige passa par un lieu appelé Chiriku, on lui dit : « A cet endroit, vit un homme âgé de plus de quatre vingt dix ans. Cet homme est si fortuné que vous devriez vous y arrêter pour le saluer ».

Naoshige écouta et répondit : « Qui peut être plus malheureux que cet homme ? Combien d'enfants et de petits-enfants a-t-il déjà vu disparaître ? Où se trouve sa chance ? »

Il ne s'arrêta pas pour aller saluer le vieil homme.

On m'a rapporté que le Seigneur Naoshige avait dit un jour : « Il y a un moment où tout le monde est gai et amical et c'est le moment où l'on se détend. Toutefois, il y a toujours ensuite des choses qu'on regrette d'avoir faites ou dites ».

Au cours d'une chasse en un lieu nommé Shiroïshi, le maître Katsushige tua un énorme sanglier.

Tous l'entouraient admiratifs pour la bête extraordinaire qu'il venait d'abattre. Soudain, le sanglier laissé pour mort se releva et chargea.

Les gens de l'entourage du maître surpris commencèrent à s'affoler puis s'enfuirent.

A cet instant, Matabei Nabeshima vif comme l'éclair tira sur le sanglier et l'atteignit. Le maître Katsushige se couvrit le visage de sa manche et s'exclama : « l'air est rempli de poussière ». Il fit, bien évidemment, ce geste pour éviter de voir la confusion des flatteurs.

Un homme, Hyogo Naritomi, dit un jour : « La vraie victoire signifie la défaite de son ami. Gagner sur son allié veut dire remporter la victoire sur soi-même ; c'est la victoire de l'esprit sur le corps ».

Un Samouraï a le devoir quotidien de cultiver son esprit et d'exercer son corps de façon à ce qu'aucun – parmi mille alliés – ne puisse l'atteindre. Sans cela, il ne sera certainement jamais capable de défaire un ennemi.

Lorsque vous partez pour une mission importante, avant de partir, mettez de la salive sur les lobes de vos oreilles, respirez profondément, jetez et brisez un objet entre vos mains. C'est une méthode secrète.

Ainsi, si vous sentez le sang vous monter à la tête, mettez de la salive sur les lobes de l'oreille, vous vous sentirez mieux immédiatement.

On considérera toujours comme naturelles la qualification et la compétence d'un Samouraï quelle que soit la façon extraordinaire dont il accomplit ses exploits. Si ses performances sont comparables à celles de ses contemporains, on le trouvera de piètre valeur. Par contre, si quelque banal quidam insouciant réalise quelque chose de façon légèrement supérieure à la moyenne, il sera grandement loué.

La meilleure attitude à avoir à l'égard de la parole, c'est de n'en pas user. Si vous pensez pouvoir vous passer d'elle, ne parlez pas.

Ce qui doit être dit devrait toujours être dit aussi succinctement, logiquement et clairement que possible.

Un nombre surprenant de gens se ridiculisent en parlant sans réfléchir et se déconsidèrent d'autant.

L'absolue loyauté vis à vis de la mort doit être mise en œuvre tous les jours.

On doit aborder chaque aube en méditant tranquillement, en pensant à sa dernière heure et en imaginant les différentes manières de mourir : tué par une flèche, par un boulet, tranché par le sabre, submergé par les flots, sautant dans un incendie, foudroyé par l'éclair, écrasé dans un tremblement de terre, tombant d'une falaise, victime d'un malaise ou de mort soudaine. On doit commencer sa journée en pensant à la mort.

Comme disait un vieil homme : « Quand vous quittez votre toit, vous pénétrez dans le royaume des morts ; quand vous quittez votre porte, vous rencontrez l'ennemi ». Cette maxime ne préconise pas la prudence mais la ferme résolution de mourir.

Si vous vous lancez dans une grande entreprise, ne vous souciez surtout pas des accrocs de peu d'importance.

Il n'est pas grave qu'un Samouraï se révèle égoïste de temps à autre, s'il est par ailleurs parfaitement loyal et devoué à son maître, s'il est brave et généreux en règle générale.

En fait, il est plutôt mauvais d'être toujours parfait en toutes choses, parce qu'on a alors tendance à perdre de vue qu'on peut être faillible. Un homme qui se lance à l'aventure ne peut pas ne pas commettre de fautes.

Quelle importance peut, en effet, avoir une erreur minime dans le destin d'un homme qui cultive l'honneur et l'intégrité.

Alors que Nabeshima Tadanao n'avait que quinze ans, un serviteur de cuisine commit une mauvaise action et un des gardes voulut l'abattre ; en fin de compte ce fut le serviteur qui le tua. Les Anciens du clan réclamèrent sa mort arguant que l'homme était sorti de son rang et qu'il avaît répandu le sang de son adversaire. Tadanao, entendant ceci, dit : « Quelle est la chose la plus condamnable, sortir de son rang ou s'écarter de la voie du Samouraï ? »

Les Anciens ne purent répondre. Alors Tadanao dit : « J'ai lu que lorsque le délit n'est vraiment pas évident, la punition doit être légère. Mettez-le aux arrêts pour quelque temps ».

Quand le Seigneur Katsushige était jeune, le Seigneur Naoshige, son père, lui enseigna ceci : « Pour t'exercer à la coupe au sabre, va trancher la tête de quelques condamnés à mort ». Ainsi fut fait.

Sur la place, qui se trouve à présent à l'intérieur de l'enceinte de la Porte Ouest, des hommes furent alignés et Katsushige les décapita, l'un après l'autre.

Quand il en vint au dizième, il s'aperçut qu'il était jeune et fort et dit « Je suis las, j'épargne la vie de cet homme ». Cet homme eut la vie sauve.

Quand le Seigneur Takanobu était sur le champ de bataille de Bungo, un messager du camp adverse vint lui apporter en présent, du saké et de la nourriture. Takanobu allait faire le partage quand ses hommes l'en empêchèrent en disant : « Les présents de l'ennemi sont vraisemblablement empoisonnés, Général ; vous ne devriez pas y toucher ».

Takanobu les écouta puis dit : « Même si la nourriture est empoisonnée, qu'est ce que cela peut changer au cours des choses ? Qu'on fasse venir le messager ». Il brisa le tonneau de saké devant le messager, en but trois grand coupes, en offrit une à ce dernier, lui donna sa réponse et le renvoya dans son camp.

Lors de la chute du château d'Arima, survenu le vingt-huitième jour dans le voisinage de la Citadelle, Mitsuse Genbei s'assit sur une digue, en plein milieu des champs. Quand Nakano passa par là et lui demanda pourquoi il était là, Mitsuse répondit : « J'ai des douleurs de ventre et ne peux faire un pas de plus. J'ai envoyé mes hommes à l'assaut et je vous prie de prendre le commandement ».

Ce fait fut rapporté par un témoin. On le jugea lâche et il fut condamné à faire Seppuku.

Il y a longtemps, les douleurs abdominales étaient appelées « Herbe de lâcheté ». Elles viennent sans crier gare et immobilisent l'homme.

Nakamo Uemonnosuke Tadaaki fut tué le douzième jour du huitième mois de l'année Eiroku durant la guerre entre les Seigneurs Goto et Hirai de Suko, sur l'île de Kabashima dans la région de Kishima.

Avant d'aller vers les lignes ennemies, il embrassa son fils Shihibu (surnommé plus tard Jin'emon) dans le jardin et bien que Shikibu fût très jeune, il lui dit : « Quand tu grandiras, acquiers l'honneur par la Voie du Samouraï ».

Depuis, même quand les enfants de sa famille

étaient très jeunes, Yamamoto Jin'emon les réunissait et leur disait : « grandissez et devenez de valeureux guerriers, soyez diligents envers votre Maître ». Il ajoutait : « Il est bon de souffler ces choses à leurs oreilles même s'ils sont trop jeunes pour les comprendre ».

Quand Sahei Kiyoji, fils légitime de Ogawa Toshikiyo, mourut, il était fort jeune. Il y eut, parmi les Samouraïs, un jeune homme qui courut au temple faire Seppuku.

Quand Taku Nagato No Kami Yasuyori mourut, Koga Yataemon dit que, n'ayant pu rendre à son maître tous les bienfaits qu'il lui avait prodigués, il allait faire Seppuku.

Kenshim Uesugi fit, un jour, la remarque suivante : « Je ne connais pas de recettes pour assurer la victoire. Ce que je sais, c'est qu'il faut saisir toute possibilité et ne jamais laisser s'échapper une occasion ».

Ce commentaire ne manque pas d'intérêt.

« Ce que l'on appelle vaincre, c'est en premier lieu maîtriser ses alliés » disait Narutomi Hyogo. « Maîtriser ses alliés c'est se maîtriser et se maîtriser c'est contrôler rigoureusement son corps. Sinon on se trouve dans une situation comparable à celle d'un homme entouré de dix mille alliés dont pas un ne le suivrait. Si on n'a pas su, au préalable, maîtriser son esprit et son corps, on ne peut vaincre un ennemi ».

Lors de la révolte de Shimabara, bien que son armure fût restée au camp, Shugyo Echigen No Kami Tanenao se lança dans la bataille vêtu seulement d'un Hakama et d'une veste (haori). On dit qu'on le retrouva sur les lieux, ainsi vêtu.

Lors de l'attaque du Château de Shimabara, Tazaki Geki avait revêtu une armure, splendidement voyante. Le Seigneur Katsushige en fut contrarié et depuis, chaque fois qu'il remarquait quelque chose d'excessif, il disait : « c'est la même chose que l'armure de Geki ».

A la lumière de cette anecdote, les armures et les équipements militaires trop voyants peuvent être considérés comme des signes de faiblesse et de manque de force. Ils dévoilent la vraie nature de celui qui les porte.

Quand Nabeshima Hizen no Kami Tadanao mourut, le Samouraï Ezoe Kimbei prit les restes de son corps et les fit consacrer au mont Koya.

Il se retira ensuite en un lieu isolé, y sculpta une statue de son maître et une autre, le représentant lui-même faisant la révérence devant son maître.

Au premier anniversaire de la mort de Tadanao, il rentra chez lui et fit Seppuku. La statue fut, plus tard, transportée du mont Koya au Kodenji.

Le Seigneur Mitsushige avait dans sa garde personnelle un Samouraï nommé Oïshi Kosuge. Quand le Seigneur se rendait dans son autre résidence d'Edo, Kosuge avait l'habitude de tourner interminablement dans ses appartements. Quand il estimait qu'une zone était dangereuse, il étalait une natte à cet endroit et passait la nuit éveillé.

S'il pleuvait, il n'avait pour abri qu'un grand chapeau en bambou et un vêtement huilé ; ainsi protégé il restait debout et surveillait l'endroit malgré la pluie qui le trempait.

Jusqu'à la fin, il n'a jamais failli une seule nuit à cette règle de prudence.

A l'âge de cinq ans, à la demande de Jin'emon son père, Yamanoto Kichizaemon trancha un chien avec son sabre ; à quinze ans il dut exécuter de la même façon un criminel. C'était la coutume de l'époque.

C'est ainsi que le Seigneur Katsushige, encore tout jeune, sur les ordres du Seigneur Naoshige, exécuta plus de dix suppliciés successivement.

Cette pratique était courante dans les classes élevées, depuis fort longtemps mais. à présent même les enfants des classes mineures ne procèdent plus à ce genre d'exécution et c'est une négligence grave. Dire que l'on peut vivre sans avoir eu le mérite de tuer un supplicié, car il s'agit d'un crime, d'une vilénie et d'une souillure, n'est qu'une excuse. Ne peut-on penser au contraire que ce sont ceux dont la vertu martiale est ténue qui soignent leurs mains ?

Si on sonde l'esprit de celui qui trouve ces pratiques désagréables, on s'aperçoit qu'il cherche des excuses qui invoquent la raison, car il est trop sensible pour le faire. Pourtant Naoshige l'avait ordonné parce que c'est une pratique à suivre.

L'an passé, je me suis rendu en un lieu d'exécution appelé Kase pour tester la sûreté de ma main et j'ai trouvé que c'était une bonne chose. Je me suis senti très bien. Penser que c'est impressionnant est un signe de lâcheté.

On dit qu'à la fin de chaque réunion de son clan, Oki Hyobu disait toujours : « les jeunes doivent s'efforcer d'élever leur détermination et leur courage. Cela ne peut se faire que si le courage est enraciné dans le cœur. Quand le sabre est brisé, il faut attaquer avec ses mains. Quand les mains sont amputées, il faut se servir de ses épaules. Quand les épaules sont coupées, il faut mordre le cou de dix, voire quinze ennemis.

Voilà ce qu'est le courage ».

A la douzième section du cinquième chapitre de Ryoankyo, figure cette anecdote :

Dans la province de Hizen, vivait un homme originaire de Taku. Il avait la variole mais voulut, malgré tout, rejoindre les forces qui partaient à l'attaque du château de Shimabara. Ses parents tentèrent de l'en dissuader : « avec une maladie aussi grave, même si tu arrives là-bas, tu ne serviras à rien ».

Il répondit : « je serai satisfait même si je meurs en chemin. Mon maître m'a accueilli dans sa généreuse bonté, vais-je à présent penser que je ne lui suis d'aucune utilité ? » Il partit vers les lignes ennemies. On était en hiver et malgré le froid, il ne prêta aucune attention à sa santé.

Il ne s'habilla pas plus qu'à l'ordinaire et ne quitta pas son armure. Il ne prit aucun soin particulier de sa maladie. Il finit par se rétablir et put assumer entièrement ses fonctions. C'est donc le contraire de ce qu'on attendait qui s'est produit ; il n'est pas nécessaire de prendre garde à l'infection.

Quand le Seigneur Suzuki Shozo apprit cela, il dit : « N'est ce pas se purifier que de sacrifier ainsi sa vie ? Un homme, qui donne ainsi sa vie au nom de la rectitude, n'a pas besoin d'implorer le Dieu de la variole. Tous les Dieux du ciel le protègent ».

Il y a quelques années, lors d'une récitation de sutra au Jissoïn à Kawakami, cinq ou six hommes de Konyamachi et des alentours de Tashiro prirent leur service et sur le chemin du retour, décidèrent de s'arrêter un moment pour boire. Un Samouraï de la maison Kizuka Kyuzaemon déclina la proposition de ses compagnons et s'en retourna chez lui avant la tombée de la nuit. Dans le courant de la nuit, ses compagnons furent mêlés à une querelle et tuèrent plusieurs personnes.

Le Samouraï de Kyuzaemon l'apprit dans la nuit et s'en alla aussitôt retrouver ses compagnons. Il écouta leur version et dit : « je suppose que vous allez devoir faire un rapport. Voulez-vous, s'il vous plait, mentionner que j'étais présent et que j'ai participé au combat mortel. Je dirai la même chose à Kyuzaemon. Dès lors que ce combat nous concerne tous, je ferai face à la peine de mort avec vous tous, tel est mon plus profond désir. En fait, si je disais à mon maître que je suis rentré plus tôt, il ne me croirait pas, Kyuzaemon est un homme sévère. Même si les enquêteurs me disculpent, il me fera probablement exécuter sous ses yeux pour lâcheté et il serait regrettable que je meure avec une mauvaise réputation. Mourir pour mourir, je préfère mourir pour avoir tué quelqu'un. Si vous n'acceptez pas, je plonge sur le champ mon sabre dans mon ventre ». N'ayant pas le choix, ils accédèrent à sa demande.

Lors de l'enquête, les véritables circonstances furent découvertes et on sut que le Samouraï était rentré tôt chez lui.

Les enquêteurs furent très impressionnés et lui rendirent hommage.

On ne m'a raconté que les grandes lignes de cette histoire. Je l'étudierai en détail plus tard.

Nabeshima Aki No Kami Shigetake prenait son repas, lorsqu'un visiteur se présenta et il dût laisser son plateau tel quel.

Peu après, un de ses serviteurs s'assit devant le plateau et commença à manger le poisson frit. Juste à ce moment, le Seigneur Aki revint et surprit le serviteur qui, affolé, s'enfuit. Le Seigneur Aki cria : « il faut une mentalité d'esclave pour manger dans le plat commencé par quelqu'un d'autre ». Il se rassit et finit son repas. C'est une histoire racontée par Jin'emon. On raconte que ce serviteur fut un de ceux qui se suicida à la mort de son maître.

Ichiyuken était un petit serviteur aux ordres du Seigneur Takanobu. En raison d'un désaccord qu'il eût au sujet de la lutte, il enleva la vie avec son sabre à sept ou huit hommes et fut condamné à faire Seppuku.

Quand le Seigneur Takanobu l'apprit, il usa de sa clémence et dit : « Notre nation connaît une époque tumultueuse. Les hommes braves sont de grande importance et cet homme me paraît avoir une grande bravoure ».

C'est pourquoi, lors des combats le long de la rivière Uti, le Seigneur Takanobu amena Ichiyuken avec lui. Ce dernier y acquit une gloire sans égale en se précipitant dans l'avant-garde ennemie et en la décimant à chaque charge.

A la bataille de Tagaki, Ichiyuken s'enfonça tellement dans les lignes ennemies que le Seigneur Takanobu, pris de remords, dût le rappeler.

Malheureusement, son avant-garde ne put avancer et ce n'est qu'en fonçant lui-même dans la mêlée qu'il put saisir le bras d'Ichiyuken. Sa tête souffrait déjà des nombreuses blessures qu'il avait soignées en appliquant des feuilles maintenues par une serviette fine.

Alors que Fukuchi Rokurouemon quittait le château, le palanquin d'une dame qui semblait être de haut rang passa devant la demeure de Maître Tabu et l'homme de garde fit les salutations avec soin.

Un porteur de hallebarde qui accompagnait le palanquin l'interpella cependant : « Tu ne t'es pas courbé suffisamment », et il le frappa à la tête avec le poignée de sa hallebarde. Le garde toucha sa tête et sentit qu'il saignait. Il se releva et dit : « Vous avez commis une action dégradante alors que j'ai été courtois. C'est une malchance », puis il tua le porteur de hallebarde d'un seul mouvement de sabre.

Le Palanquin continua son chemin. Rokurouemon dénuda sa lance, s'approcha du garde et dit : « rentrez votre sabre, il est interdit de dénuder son sabre dans l'enceinte du château ».

L'homme lui répondit : « Ce qui vient d'arriver était inévitable et les circonstances ont dicté ma conduite. Vous l'avez certainement remarqué. Je désire rengainer mais il m'est difficile de le faire étant donné l'intonation de votre voix. Je serais heureux de relever le défi ». Rokurouemon abaissa sur le champ sa lance et dit : « Vous êtes raisonnable. Je me nomme Fukuchi Rokurouemon. Je témoignerai que votre conduite a été exemplaire. Mieux encore, je vous soutiendrai au péril de ma vie.

A présent, je vous prie de rentrer votre sabre ». « Avec plaisir » dit le garde et il rengaina. Il dit appartenir au service de Taku Nagato No Kami Yasuyori.

C'est pourquoi Rokurouemon l'accompagna et relata les faits.

Toutefois, sachant que la Dame du palanquin était l'épouse d'un noble, le Seigneur Nagato lui ordonna de faire Seppuku.

Rokurouemon dit alors : « j'ai donné ma parole de Samouraï. Si cet homme est condamné, je vais faire Seppuku moi-même et en premier ».

On dit que cette affaire se termina sans autre conséquence.

Un groupe d'homme s'était un jour réuni sur la place de la Citadelle intérieure du Château et quelqu'un dit à Uchida Shouemon : « on dit que vous enseignez l'art du sabre mais à en juger par votre comportement quotidien, votre enseignement doit manquer de finesse. Si on vous demandait d'être l'assistant d'un Seppuku, j'ai l'impression qu'au lieu de trancher la base du cou, vous trancheriez le sommet du crâne ».

Shouemon répliqua : « ce n'est pas le cas, trace un petit point à l'encre sur ton cou et je vais te montrer comment je peux couper ton cou sans le manquer d'un cheveu ».

Sur le chemin de Tokaido, Nagayama Rokurozaemon s'arrêta à Hamamatsu. Alors qu'il passait devant une auberge, un mendiant s'approcha de son palanquin et dit : « je suis un Rônin d'Echigo, je n'ai pas d'argent et je suis en difficulté.

Nous sommes tous deux des Bushi. Je vous prie de m'aider ».

Rokurozaemon se mit en colère et dit : « il est insultant de dire que nous sommes tous deux des Bushi. A votre place, je me serais déjà plongé le sabre dans le ventre ; au lieu d'être à court d'argent, de continuer à errer en exposant votre honte, tranchez votre estomac sur le champ ».

On dit que le mendiant s'éloigna.

A l'occasion d'un Seppuku rituel, l'assistant trancha la tête en prenant soin de laisser un petit morceau de chair de telle sorte que la tête ne fût pas entièrement séparée du tronc. Un observateur officiel déclara : « ce n'est pas fini ». Le Kaishaku furieux, prit la tête, coupa le morceau de chair, leva la tête à la hauteur de ses yeux et dit : « Regardez ».

C'était assez impressionnant. C'est une histoire de Maître Sukeemon.

Dans le temps, il arrivait que la tête « volât ». On dit alors qu'il valait mieux laisser un morceau de chair qui empêcherait la tête d'être projetée sur les Officiels. A présent, la coutume est de couper totalement la tête.

Un homme qui avait tranché cinquante têtes dit un jour : « parfois le tronc d'un corps dont la tête a été tranchée ne vous laisse pas indifférent. Pour les trois premiers, vous ne ressentez rien ; au quatrième ou au cinquième vous commencez à sentir quelque chose. Comme ce sujet est d'une extrême importance, si on décide de trancher des têtes, il faut le faire absolument sans erreur ».

Quand le Seigneur Nabeshima Tsunashige était enfant, Iwamura Kuranosuke fut chargé de veiller sur lui. Un jour, Kuranosuke voyant qu'on avait disposé des pièces d'or devant le jeune Tsunashige questionna le serviteur : « Pour quelle raison ces pièces sont-elles là ? ». Le serviteur répondit : « le Maître vient d'apprendre qu'on lui a fait un présent et comme il ne l'avait pas encore vu, je le lui ai apporté ». Kuranosuke réprimanda sévèrement le serviteur et dit : « disposer de tels objets devant une personne importante est malséant. Veillez à ce qu'ils ne soient jamais exposés devant le fils du Seigneur. Les serviteurs doivent y faire attention ».

Une autre fois, le Seigneur Tsunashige, alors âgé de vingt ans, se rendait au domaine de Naekiyama pour se divertir. Quand le cortège arriva près du domaine, il demanda une canne pour marcher. Le préposé à la garde de ses sandales, Miura Jibuzarmon, lui en fabriqua une d'un bâton et allait la lui donner. Koranosuke le vit, s'empara rapidement du bâton et reprimanda vertement Jibuzaemon. « Désires tu que notre jeune Seigneur devienne douillet ? Lui donner cette canne, même s'il la réclame, est une négligence ».Jibuzaemon fut promu plus tard au rang de Teakiyari et Tsunetomo l'apprit directement de sa bouche.

Quand Sagara Kyuma fut promu au rang de première ordonnance, il dit à Nabeshima Heizaemon : « pour une raison que j'ignore, le maître m'accorde de plus en plus sa confiance et vient de me nommer à un rang élevé. N'ayant pas personnellement de serviteur, je crains que mes affaires n'en souffrent. C'est pourquoi, je vous demande la faveur de me donner votre serviteur Takase Jibusaemon. Heizaemon l'écouta et lui dit : « j'accepte et c'est pour moi un honneur que vous ayiez remarqué mon serviteur ».

Quand il fit part à Jibusaemon de la nouvelle, celui-di dit : « Je pense qu'il est de mon devoir de porter ma réponse personnellement au Maître Kyuma ». Il se rendit chez lui et s'entretint avec lui : « je suis conscient que c'est un grand honneur d'avoir été pressenti par vous, mais un Samouraï ne saurait changer de maître. Vous avez un rang élevé, je serais comblé si je devenais votre serviteur mais ce serait en même temps un déshonneur. Heizaemon est d'un rang moindre, la vie est difficile pour lui, nous vivons d'un gruau de riz à bon marché, cependant il nous est doux. Je vous prie de prendre tout cela en considération ».

Kyuma fut fort impressionné par cette attitude.

Nakano Jinémon avait coutume de dire : « un homme qui ne sert son maître que s'il est traité avec bonté, n'est pas un Samouraï. Celui qui le sert quand il est dur et déraisonnable est un Samouraï. Vous devez vous imprégner de ce principe ».

A l'âge de quatre-vingt ans, Yamanoto Jinémon tomba si malade qu'il était sur le point de gémir. Quelqu'un lui dit : « gémissez si cela peut vous soulager ». Mais il répondit : « Mon nom est connu de tous. J'ai toujours eu une attitude digne, ma vie entière. Il m'est impossible de me laisser aller à gémir au dernier moment ».

On dit qu'il ne gémît pas une seule fois jusqu'au dernier instant de sa vie.

Le fils de Mori Monbei rentra légèrement blessé à la suite d'un combat. Monbei lui demanda : « Qu'as-tu fait à ton adversaire ? » Le fils répondit : « Je l'ai abattu avec mon sabre ».

Quand Monbei demanda : « As-tu porté le coup de grâce », il répondit « oui ».

Monbei dit alors « Tu as certainement eu raison et tu n'as aucun regret à avoir. Mais à présent, même si tu fuis, tu devras de toutes façons faire Seppuku. Quand tu auras fortifié ton esprit, fais Seppuku, il vaut mieux mourir des mains de ton père que de celles d'un étranger ». Peu après, il assista son fils dans le rite de la mort.

Du temps où Hotta Kaga No Kami Masamori était page du Shogun, il était si obstiné que ce dernier décida de percer à jour le fond de son cœur. Pour ce faire, il fit chauffer à blanc une paire de sandales et la posa sur le brasier.

Masamori avait coutume d'aller prendre les sandales posées à côté du brasier pour accueillir le Maître. Cette fois-là, dès qu'il toucha les sandales, il sentit la brûlure aux mains. Mais il agit comme à l'accoutumée, aussi le Shogun s'empressa-t-il de les lui ôter des mains.

Un des Samouraï de Matsudaira Sagami No Kami, se trouvait dans une pension à Kyoto pour collecter de l'argent. Un jour qu'il était sur le pas de la porte regardant passer les gens, il entendit un passant crier : « on dit que les hommes du Seigneur Matsudaira sont engagés dans un combat ». Le Samouraï se dit : « c'est bien ennuyeux que mes compagnons soient impliqués dans un combat. Certains autres devraient aller relever ceux qui étaient de service à Edo. Ce sont peut être ceux-là qui sont en train de se battre. Il se renseigna sur le lieu du combat et quand il arriva essoufflé, ses compagnons avaient déjà été blessés par leurs adversaires qui étaient en train de leur porter le coup de grâce. Accompagnant ses attaques d'un cri, il trancha deux hommes et s'en retourna à Kyoto.

Cette affaire parvint aux oreilles de l'officier du Shogun qui manda le Samouraï pour le questionner : « Vous avez porté assistance à vos compagnons et avez ainsi désobéi à l'ordonnance du gouvernement. Est-ce cela ? ». Il répondit : « Je viens de la province et il m'est difficile de comprendre ce que votre Honneur me dit. Pourriez vous répéter s'il vous plait ? » L'officier se mit en colère et dit : « Etes-vous sourd ?, Avez-vous oui ou non été impliqué dans une rixe, répandu le sang, désobéi aux décrets du gouvernement et passé outre les lois ? »

L'homme répondit : « J'avais compris tout cela. Bien que vous l'affirmiez, je n'ai pas sciemment désobéi aux lois et n'ai pas eu l'intention de ne pas respecter l'ordonnance du gouvernement. La raison est que tout être vivant accorde à la vie en général un certain prix et il va sans dire qu'il en est de même de la vie humaine. Pour ma part, j'accorde une grande valeur à ma vie. Mais j'ai pensé qu'entendre que ses compagnons sont en danger et faire celui qui n'a rien entendu n'est pas digne de la Voie du Samouraï. C'est pourquoi, j'ai couru pour les secourir. Retourner chez moi, la honte au cœur, sachant que mes amis ont été tués aurait certes prolongé ma vie mais c'était désobéir à la Voie. Pour suivre la Voie, on doit savoir sacrifier sa vie précieuse. C'est pourquoi, pour respecter la Voie et ne pas mépriser le règlement, j'ai choisi d'aller sacrifier ma vie là-bas. Je vous demande, à présent, de procéder à mon exécution ».

L'officier fut impressionné, classa l'affaire et écrivit au Seigneur Matsudaira : « Vous avez un valeureux Samouraï à votre service. Puissiez-vous le chérir ».

La généalogie du Seigneur Soma, surnommé le Chiken Marokashi était la mieux élaborée du Japon. Une année, alors que son domaine prenait feu et était sur le point d'être détruit, le Seigneur Soma dit : « Même si la maison, les meubles, et tout le reste est détruit, je n'aurai aucun regret parce que ce sont des choses remplaçables. La seule chose que je regrette, c'est de n'avoir pu sauver ma généalogie, qui est un trésor de famille des plus précieux ». Il y avait là un Samouraï qui dit : « je vais aller dans la maison et la ramener ».

Le Seigneur et les autres se mirent à rire en disant : « la maison est déjà la proie des flammes. Comment ferez-vous ? ». Cet homme n'avait jamais été loquace ni plus particulièrement zélé qu'un autre mais c'était quelqu'un qui faisait tout jusqu'au bout. Il dit encore : « je n'ai jamais été d'une grande utilité au maître, parce que je ne suis pas soigneux mais j'ai vécu dans l'idée qu'un jour ma vie pourrait lui être utile. Il me semble que ce moment est venu ». Il bondit alors dans les flammes. Quand l'incendie fut éteint, le maître ordonna : « Que l'on retrouve son corps ! Quelle perte ! »

Après avoir cherché partout, on découvrit son corps dans le jardin proche des appartements. Quand on le retourna, du sang s'écoulait de son estomac.

Le Samouraï avait ouvert son ventre et y avait placé le document pour qu'il demeure intact. A compter de ce jour, on surnomma ce document « la généalogie du sang ».

Dans le Koyogunkan, quelqu'un dit : « Quand je suis face à l'ennemi j'ai toujours l'impression que je pénètre dans les ténèbres et à cause de cela, j'ai été profondément blessé... alors que vous qui avez combattu tant d'hommes vaillants, vous n'avez jamais été blessé. Comment est-ce possible ? ». L'autre répondit : « Quand j'affronte l'ennemi, bien entendu c'est comme si je pénétrais dans les ténèbres. Mais si aussitôt, je tranquillise mon esprit, tout devient comme une nuit éclairée par une pâle lune. Si à ce moment-là j'attaque, je sais que je ne serai pas touché ». C'est la situation à l'instant de la vérité.

Dans « les notes sur les Règles Martiales », il est écrit ceci :

« gagner d'abord, combattre ensuite, ce qui signifie en deux mots : gagner avant. La richesse du temps de paix c'est de permettre la préparation martiale pour le temps de guerre. Avec cinq cents alliés, on peut se défaire d'une force ennemie de dix mille hommes ».

Quand on va prendre le château de l'ennemi et qu'il faut se retirer, il ne faut pas se replier par la route principale, mais par les routes secondaires.

On doit étendre ses morts et ses blessés le visage tourné vers l'ennemi.

Il est évident que le guerrier doit être à l'avant-garde durant l'attaque et à l'arrière-garde lors de la retraite. Lors de l'attaque, il ne doit pas négliger de saisir le bon moment. Dans l'attente du bon moment, il ne doit pas oublier l'attaque.

Parmi les principes secrets de Yagyu Tajima No Kami Munemori, il y a un proverbe : « il n'existe pas de tactique militaire pour un homme de grande force morale ». Instruit de cela, un certain vassal du Shogun vint voir le Maître Yagyu et lui demanda de devenir son disciple. Le Maître Yagyu dit : « Vous semblez être déjà élève d'une école d'Art Martial. Dites-moi le nom de cette école avant que nos rapports de maître-élève ne s'instaurent ».

Mais l'homme répondit : « je n'ai jamais pratiqué d'Art Martial ». Le Maître dit : « n'avez-vous jamais appris de discipline de l'école Tajima Nokami ? J'ai l'impression que vous êtes un des maîtres du Shogun ». L'homme jura que non. Le Maître demanda alors : « possédez-vous une quelconque profonde conviction ? »

L'homme répondit : « Étant enfant, j'ai pris soudain conscience que le bushi est un homme qui ne doit pas regretter sa vie. J'ai enfoui cette pensée dans mon cœur pendant plusieurs années et elle est devenue une conviction. C'est pourquoi, je ne pense jamais à la mort. Je n'ai pas d'autre conviction que celle là ».

Le Maître Yagyu fut très impressionné et dit : « Mon intuition ne m'a pas trompé. Le principe le plus profond de la tactique martiale est celui-là même que vous possédez. Jusqu'à présent, des centaines de disciples que j'ai eus, aucun n'a acquis ce principe. Il ne vous est pas nécessaire de vous préparer avec « le sabre de bois ». Je vais vous initier immédiatement ». Il lui donna tout de suite un parchemin.

C'est une histoire racontée par Muragawa Soden.

Si vous atteignez trop rapidement la gloire, les gens deviendront vos ennemis, et vous ne serez d'aucune utilité. Si vous vous élevez progressivement dans le monde, les gens seront vos alliés et vous serez heureux.

A la longue, que vous ayiez été rapide ou lent, dès lors que vous avez acquis la compréhension des autres, rien ne vous menace plus. On dit que la chance qui nous est donnée par les autres est la plus sûre.

Achevé d'imprimer en novembre 1999
sur les presses de la Nouvelle Imprimerie Laballery – 58500 Clamecy
Dépôt légal : novembre 1999 Numéro d'impression : 911073

Imprimé en France